LE BÉLIER

ARI ES:

Michèle Curcio

Les Signes du Zodiaque

Le Bélier

Seghers

Sand

Frontispice :
Liber Astrologiae. *Manuscrit latin du XIVe siècle.*

ISBN 2-7107.0099.9

SOMMAIRE

Première partie

Deuxième partie

Troisième partie

Saint Jean. Volet intérieur
du triptyque de Saint-Christophe, par Hans Memling.
École flamande, XVe siècle.

Première partie

L'Astronome, *bronze de Luca della Robbia, XVe siècle. Campanile du Duomo, Florence.*

Chapitre I

L'ère du Bélier

« Les croyances étroites à l'égard
de la vie ont été dépassées. »
M. GAUQUELIN.
Le Dossier des influences cosmiques

Lorsqu'on observe le déroulement des mythologies, des religions, des images, des raisonnements et des civilisations successives de l'humanité telle qu'on la connaît et telle qu'on l'a déchiffrée jusqu'à ce jour, on découvre un fait étonnant. Par périodes d'environ deux mille ans, toute la pensée humaine s'est révélée axée sur un point précis qui se trouve correspondre à l'un des signes du Zodiaque. On peut déterminer ainsi des périodes relativement uniformes qu'on appelle des ères.

Il y a eu l'ère du Bélier; elle fut bien antérieure à celle du Verseau où nous sommes en train d'entrer. L'ère du Verseau suit l'ère des Poissons, née il y a deux mille ans, qui suivait celle du Bélier, précédée elle-même par celle du Taureau. Il serait intéressant de remonter plus haut et ce n'est pas impossible.

Faisons d'abord une remarque générale. Les ères se déroulent selon un signe du Zodiaque, mais elles semblent remonter le Zodiaque au lieu d'en longer le cours normal. Pourquoi cette inversion ?

En essayant de définir l'ère astrologiquement, nous pouvons apprendre un certain nombre de choses. Je vais tenter de simplifier cet exposé technique.

La Terre tourne autour du Soleil en trois cent

soixante-cinq jours et chaque jour constitue un tour complet de la Terre sur elle-même. Ce mouvement de rotation s'effectue autour d'un axe imaginaire qui la traverserait d'un pôle à l'autre et jouerait le rôle d'un pivot. Cela, c'est bien connu. Mais nous le savons parce qu'on nous l'a enseigné; nous ne l'avons pas vu. Cela n'apparaît aucunement aux yeux du Terrien observant tout naturellement le spectacle qui s'offre à lui.

Un observateur qui passerait une nuit entière, par temps clair, à regarder le ciel et les constellations d'étoiles qui y brillent verrait, à l'aube, poindre le Soleil sur la ligne d'horizon; or, avant que l'éclat de cet astre ne rende invisibles les étoiles, en ce point du ciel où il émerge se trouvait une constellation, c'est-à-dire une sorte d'archipel d'étoiles bien déterminé. Si cet observateur veille au cours d'une nuit de printemps, ces étoiles devant lesquelles monte le Soleil appartiendront à la constellation du Bélier.

La précession des équinoxes

A l'aube suivante, le Soleil se lèvera au même point par rapport à un repère terrestre : un sommet de montagne, ou un clocher. Mais ce sera un autre point par rapport aux étoiles. Au bout de trente jours, le Soleil continuera de se lever devant le même repère terrestre, à peu de chose près, mais il paraîtra le faire devant une autre constellation, le signe suivant du Zodiaque. Après le Bélier, ce sera devant la constellation du Taureau qu'il fera son apparition quotidienne.

Au bout d'un an, le Soleil se sera levé successivement devant chacun des signes du Zodiaque. Il se retouvera ainsi dans le Bélier.

On sait aussi qu'au cours d'une année les jours et les nuits sont de longueur inégale; tantôt la nuit est plus longue que le jour, tantôt c'est le jour qui dure plus longtemps. A ce rythme, il y a deux exceptions, deux dates dans l'année où la nuit est égale au jour; on les appelle les équinoxes. Il y a un équinoxe de printemps et un équinoxe d'automne.

L'équinoxe de printemps ouvre la période zodiacale du Bélier : le 21 mars.

L'équinoxe d'automne a lieu le 23 septembre.

Comme l'ensemble des planètes erre dans l'espace, il a fallu, pour fixer les données de l'astronomie, supposer un moment théoriquement immuable; la date du 21 mars a été choisie comme point de départ du cycle annuel. Un point fixe s'avérait indispensable pour y prendre appui dans les raisonnements ayant trait à l'espace et au temps. Dans le temps, ce point fixe est donc le jour où l'année commence et où s'ouvre la période zodiacale placée sous le signe du Bélier. Dans l'espace, c'est le point vernal.

Qu'est-ce que le point vernal ? Comment l'a-t-on déterminé, dans ces espaces célestes où tout est toujours en mouvement?

Il faut imaginer dans le ciel un équateur parallèle à celui de la Terre et situé dans le même plan. C'est l'équateur zodiacal, ligne théorique partageant en deux moitiés la ceinture d'Eurydice qui entoure la Terre et qu'on appelle aussi le Zodiaque. On sait que la Terre évolue dans le ciel autour du Soleil en suivant une ligne dessinant une ellipse presque circulaire, inclinée par rapport à l'équateur zodiacal. Ces deux lignes elliptiques se coupent en deux points; ces points sont les équinoxes. Cela signifie qu'il y a équinoxe quand le Soleil paraît se lever en l'un d'eux.

Pour un observateur placé sur la Terre, le Soleil paraît à l'horizon au point vernal et, ensuite, chaque matin, semble se déplacer pour parcourir le Zodiaque. Il se retrouvera en ce point vernal au bout de trois cent soixante-cinq jours, cinq heures, quarante-huit minutes, quarante-neuf secondes et six dixièmes. C'est la durée de l'année *terrestre*.

Il se trouve que la Terre, pour parcourir, toujours *en apparence,* le cercle du Zodiaque, met un peu plus de temps.

Il existe donc entre ces deux durées une différence dont la conséquence est la suivante : chaque année, le 21 mars, le Soleil se lève au point vernal, et pourtant il n'est plus dans la même position par rapport au Zodiaque; sur le Zodiaque, il reste en arrière de ce point et, chaque année, il « prend un peu de retard ». Tout se passe comme si le point vernal se déplaçait à reculons le long du cercle du Zodiaque.

On appelle ce phénomène la précession des équinoxes.

C'est un phénomène capital car, à reculer ainsi sur le cercle zodiacal, le « point vernal » en arrive à passer d'un signe au signe précédent. Certes, il faut pour cela un temps assez long, mais pas assez, cependant, pour qu'on ne s'en aperçoive pas.

On a calculé que le « point vernal » effectue un tour complet du Zodiaque en deux cent soixante siècles environ, c'est-à-dire près de vingt-six mille ans. Cette longue période se divise en douze laps de temps pendant lesquels le « point vernal » parcourt un des signes du Zodiaque, c'est ce qu'on appelle une ère. On annonce en ce moment l'avènement de l'ère du Verseau. Que fut l'ère du Bélier ?

Il se trouve donc que le Soleil du jour d'équinoxe de printemps se lève actuellement dans le signe du Verseau; comme ce point recule sur le cercle zodiacal, il se levait précédemment dans le signe des Poissons; plus avant, il se levait dans le signe du Bélier. Le cercle zodiacal, en effet, est sans hiatus. Rien ne sépare le dernier signe du premier.

Voyons ce qu'a été l'ère du Bélier; tout ce qui se rapporte à ce signe intéresse au plus haut point les natifs du signe et ceux qui souhaitent bien les connaître. L'ère du Bélier n'est pas si loin de la nôtre que nous ne puissions en retrouver trace.

Une histoire très ancienne

Le Soleil d'équinoxe s'est levé pour la première fois dans le signe zodiacal du Bélier au cours de l'année 2300 avant Jésus-Christ.

Cette époque nous a laissé suffisamment de documents pour que nous puissions y trouver les traces de l'influence de ce phénomène astrologique.

En ce temps-là, en Égypte, régnait un pharaon qui ressentit, *apparemment sans motif*, le besoin de modifier la religion d'État. Le culte nouveau qu'il institua prit le nom de religion d'Amon.

On changea la représentation graphique du dieu qui était un bœuf (Apis), ce qui était justifié puisque, précédemment, la Terre était sous le signe du Taureau, et l'on traça dès lors l'image d'une divinité au corps humain surmonté d'une tête de... bélier. Rien n'indique pour quelle raison fut fondée cette religion et tout laisse croire que c'est une inspiration subite du souverain régnant. Or un souverain ayant la puissance d'un pharaon ne se permettrait pas de tels caprices; il a fallu un motif profond, peut-être non exprimé, peut-être même inconscient.

Après plusieurs siècles, cette nouvelle religion fut l'objet d'hérésies diverses et le culte d'Amon périclita. Cependant, le dieu qui le remplaça, et qui avait nom Choum, fut représenté, lui aussi, avec une tête de bélier. On peut s'en étonner, car, si certains désiraient instaurer un autre culte et renier le culte officiel, pourquoi se crurent-ils obligés de représenter encore un bélier ? On peut dès lors penser que la présence du point vernal dans le signe du Bélier n'était pas un fait ignoré.

Quatre siècles plus tard, toujours en Égypte, la religion avait encore évolué; on regrettait peut-être ce qui avait été un schisme d'assez longue durée et l'on voulait revenir à Amon. Mais, estimant qu'il convenait de marquer quelque différence, ou pensant que c'était un progrès, on représenta le nouvel Amon avec une tête humaine. Avait-on décidé de négliger l'importance de l'ère du Bélier ?

C'est possible, mais ce qui étonne l'observateur actuel de ces faits lointains, c'est qu'à partir du moment où les Égyptiens ont négligé de prendre le Bélier en considération, il n'y eut plus chez eux que troubles et désordres. En tout cas, sur le plan ésotérique, où ils avaient tant œuvré, ils devenaient beaucoup moins savants et beaucoup plus indécis.

Cependant, le Bélier reparaissait ailleurs.

Il y avait un prophète, un meneur d'hommes, qui probablement avait perçu la nécessité de cette harmonie entre le Zodiaque, l'ère du Bélier et le développement de l'humanité; cet homme s'appelait Moïse.

Moïse, qui était né en Égypte, entraînait les Hébreux vers ce qui était pour eux la « Terre promise ».

Ayant atteint son but, il « renversait le veau d'or » et consacrait son peuple par le sacrifice d'un bélier.

Que signifiaient ce geste et cette expression : « Renverser le veau d'or » ?

On a souvent dit que c'était un témoignage du mépris dans lequel il convenait de tenir les richesses terrestres matérielles. Qu'il s'agissait d'une sorte de déclaration telle que : « Vous ne l'emporterez pas avec vous. » Mais on a dit encore plus souvent qu'il s'agissait de détrôner une idole.

Alors, pourquoi un bélier devait-il être sacrifié, et pas un taureau ou un veau ?

En fait, ce « veau d'or » était le prolongement du taureau de l'ère précédente qui tentait de se placer dans l'adoration d'un peuple. Moïse, initié s'il en fut, savait que l'ère zodiacale imposait une harmonie générale et qu'un peuple ne verrait la réalisation de ses aspirations qu'en s'insérant dans ce mouvement universel. Au cours de l'ère du Bélier, il fallait qu'un bélier joue un rôle important.

Il n'était donc aucunement question de mépriser le « veau d'or », car l'or a toujours été estimé, quand ce ne serait que pour orner les temples et les objets du culte. C'était le veau lui-même qui devait subir l'opprobre, et tout ce qu'il représentait.

En renversant le « veau d'or », Moïse annonçait au monde que le Fils du Taureau n'avait plus rien à faire dans le développement des civilisations : son ère était révolue.

Ce qui est étonnant, dans cette version des faits, c'est de constater que l'on connaissait l'existence du point vernal et de la précession des équinoxes. Évidemment, on n'en avait pas la notion qui a cours aujourd'hui. Mais que l'on ne s'y trompe pas ! De tout temps il y a eu des hommes qui ont connu la vérité et d'autres qui l'ont mal comprise ou volontairement défigurée. La diffusion du savoir a été longtemps entravée, de crainte de donner un trop grand pouvoir à un trop grand nombre de gens; ou bien parce qu'étaient rares ceux qui suivaient un enseignement ne pouvant être dispensé que par des livres. S'instruire était trop coûteux et seuls les êtres exceptionnellement doués ou de familles riches pouvaient se cultiver.

Ce qui nous intéresse dans ce phénomène religieux en rapport avec l'ère du Bélier, c'est l'influence du signe zodiacal sur le développement des civilisations.

L'ère du Bélier a donc duré, comme toutes les autres ères, une vingtaine de siècles. Elle est apparue en 2300 avant Jésus-Christ environ et s'est achevée en l'an 1 de l'ère chrétienne, au début de l'ère des Poissons.

C'est donc bien aux signes du Zodiaque que se rattachent les ères successives. L'intérêt de la question consiste à savoir jusqu'où l'archéologie nous permet de remonter. Lorsque les informations de la Science nous manquent, nous sommes réduits à des hypothèses, et les hypothèses, comme chacun le sait, sont plus faciles à formuler qu'à démontrer...

Il semble cependant assuré que Moïse eut réellement

conscience de l'importance de l'ère du Bélier; qu'il se soit parfaitement rendu compte du danger provoqué par les Égyptiens qui laissaient se mourir ce culte et abandonnaient la science de leurs prêtres, qu'elle fût acquise ou révélée, au profit d'un fatras du superstitions sans aucune logique ni aucune justification.

Seul, le symbole du Bélier pouvait alors conduire l'esprit de l'homme vers la vérité et dans le sens du progrès. En conséquence, tandis que les Égyptiens se laissaient aller, dans une confiance aveugle, à penser que leur suprématie méditerranéenne se perpétuerait, Moïse savait qu'il était urgent d'agir et de considérer qu'il y avait là l'indication d'une certaine ligne de conduite et qu'il fallait tenir compte de cette indication.

Quand Moïse parvient au Sinaï, Amon, le dieu-bélier, est encore pour lui le culte valable; mais il ne doit pas le rester éternellement, car le prophète emporte, soigneusement cachée, la notion d'un univers cohérent et logique.

Voyons maintenant ce qui se passait dans d'autres civilisations, au cours de l'ère du Bélier.

Au VIe siècle avant Jésus-Christ, vivait en Inde un jeune homme beau et intelligent qui s'appelait Sidharta Gautama, plus connu aujourd'hui sous le nom de Bouddha.

Désirant répandre sa philosphie, le Bouddha rencontra les plus grandes difficultés, dues au fait que son auditoire était inculte. Ce peuple de l'Inde s'était sclérosé depuis qu'il avait été instruit par son guide Krishna, contemporain de la construction de la pyramide de Chéops, en Égypte. Il adorait encore le Taureau, dont l'ère zodiacale était révolue. Aussi Gautama ne put-il lui enseigner l'unité de la création et, au lieu d'être écouté comme prophète, il fut lui-même déifié sous ce nom de Bouddha.

Souvent les dieux apprécieront le symbole vivant du Bélier. Kouvera, divinité hindoue, fils de Civa, de même qu'Agni, créateur du Cosmos, chevauchent cet animal. Dans les textes védiques, le Bélier représente d'ailleurs le « garhapatya », c'est-à-dire le feu du sacrifice.

Gravure sur bois du XVIe siècle.

Chapitre II
Le premier signe de l'année

« Suis ton étoile
et la gloire t'attend. »
DANTE.

L'année civile, celle du calendrier qui est actuellement le nôtre, commence le 1er janvier. Mais cette date se situe au cœur d'une saison d'activité ralentie pour tout ce qui vit. La vie terrestre reprend sa force et son développement avec l'équinoxe de printemps et l'on préfère, en Astrologie, se référer au 21 mars pour fixer le premier jour du cycle annuel des quatre saisons. Voilà pourquoi, dans le Zodiaque, on nomme toujours le signe du Bélier en premier. Il semble plus conforme au bon sens de faire commencer le cycle annuel au printemps, époque de la germination des plantes, période du renouvellement général, où toutes les merveilles de la nature s'allient pour renouveler l'éternel spectacle de la joie, de la lumière et de la beauté. Après les angoisses de l'hiver, l'espoir du bonheur reparaît, chaque année, auréolé d'une chance nouvelle.

On considère donc le Bélier comme le premier signe du Zodiaque, celui qui apparaît avec le printemps.

C'est dans le signe du Bélier que le Soleil revient se lever à l'horizon le 21 mars, signe dans lequel il restera jusqu'au 20 avril. On dit que ceux qui naissent entre ces deux dates sont sous l'influence du Bélier. Expression imagée, mais sommaire.

Natifs du Bélier, avant de parler de vous, nous

Le dieu hindou Agni : ses deux têtes symbolisent le feu domestique et le feu du sacrifice (musée Guimet).

devrons parler quelque peu du Zodiaque et des enseignements que l'on en tire en ce qui concerne la destinée de l'humanité.

On a coutume de dire : « Le Soleil se lève dans le Bélier. » Cette expression reste relativement mystérieuse pour ceux qui ne sont pas habitués aux spéculations astrologiques. On dira : « Vous êtes Bélier » et on ne saura pas toujours ce que signifie cette expression.

Sont dits natifs du Bélier ceux qui sont venus au monde pendant la période du 21 mars au 20 avril, c'est-à-dire pendant la période de l'année où le Soleil est censé occuper dans le Zodiaque une position se situant entre le premier et le dernier degré de ce signe.

Qu'est-ce donc que le Zodiaque ?

Pour saisir le raisonnement astrologique, oubliez que « la Terre tourne autour du Soleil ».

Imaginez la Terre comme centre de l'Univers. Une boule à peu près sphérique tournant sur elle-même autour de son axe nord-sud. Autour de la Terre, il y a l'espace céleste; et comme nous ne savons plus, ayant décidé de l'oublier un moment, que la Terre tourne, nous pouvons l'imaginer immobile. Autour de la Terre, donc, figure l'espace céleste qui, vu de notre sol, apparaît comme une immense sphère creuse au centre de laquelle nous nous trouvons. De la sphère céleste, nous voyons la surface intérieure. Nous sommes en son centre.

Sur cette paroi intérieure apparente de la sphère constituant le firmament, nous voyons se déplacer des astres groupés en constellations, des planètes, le Soleil et la Lune. Les constellations semblent, au cours de l'année, se déplacer par rapport à notre horizon, lequel nous paraît fixe. Comme l'Astrologie est une science humaine, elle ne se préoccupe pas des réalités scientifiques des astronomes et des astronautes : elle dépeint et elle interprète ce que l'homme voit, ce que l'homme constate et ce que l'homme subit. C'est pourquoi les variations célestes, que l'astronomie peut tenir pour très importantes, n'entrent pas en considération en astrologie où la tradition a force de loi. Ces variations ne peuvent être décelées que par des instruments très précis parce qu'elles sont imperceptibles à l'œil nu et, de ce fait, ne peuvent avoir qu'une influence très minime sur l'être humain.

Les astres que nous pouvons voir tourner dans le ciel ne voyagent pas à travers l'espace entier de la sphère céleste; ils se déplacent dans un espace qui entoure la Terre comme une sorte de ceinture, une bande circulaire, un anneau, et c'est cet espace qui s'appelle le Zodiaque.

Si l'on s'en tient aux apparences, on croit donc voir le Soleil décrire autour de la Terre un grand cercle qui constitue sa course annuelle par rapport aux étoiles. Le cercle que décrit le Soleil s'appelle l'écliptique. Si l'on imagine aussi un équateur céleste tracé sur la surface intérieure de cette sphère au centre de laquelle se trouve la Terre, et exactement parallèle à l'équateur de la Terre, on constate que l'écliptique est incliné de 23° par rapport à l'équateur; cette position a son importance : retenez-la.

Le cercle que nous appelons écliptique constitue la ligne médiane de la ceinture que nous appelons Zodiaque. La largeur du Zodiaque qui se dessine dans le ciel est évaluée à 17°; c'est à l'intérieur de cet espace figurant un anneau autour de la Terre que le Soleil, la Lune et les principales planètes effectuent leur apparente révolution sidérale. Nous disons « apparente » parce que c'est ce qui semble se produire aux yeux des humains; si nous vivions sur une autre planète, le spectacle serait différent. Mais il s'agirait pourtant des mêmes corps célestes accomplissant le même parcours.

Pour représenter facilement le Zodiaque, on trace un cercle, on dessine un disque plat. Ce cercle est divisé en ses 360° et l'on indique douze secteurs égaux ayant chacun, par conséquent, 30°. A chacun de ces secteurs est affecté le nom d'un des signes du Zodiaque. Dans l'ordre chronologique de leur apparition au cours d'une année, ces signes se placent comme dans la liste ci-dessous, laquelle indique en outre leur position par rapport aux méridiens, c'est-à-dire leur longitude calculée au moment où le premier de ces signes, le Bélier, passe par le méridien zéro du globe terrestre.

Le Bélier	0°	à	30°	du 21 mars au 20 avril
Le Taureau	30°	à	60°	du 21 avril au 20 mai
Les Gémeaux	60°	à	90°	du 21 mai au 21 juin
Le Cancer	90°	à	120°	du 22 juin au 22 juillet
Le Lion	120°	à	150°	du 23 juillet au 22 août
La Vierge	150°	à	180°	du 23 août au 22 septembre
La Balance	180°	à	210°	du 23 septembre au 22 octobre
Le Scorpion	210°	à	240°	du 23 octobre au 21 novembre
Le Sagittaire	240°	à	270°	du 22 novembre au 20 décembre
Le Capricorne	270°	à	300°	du 21 décembre au 19 janvier
Le Verseau	300°	à	330°	du 20 janvier au 18 février
Les Poissons	330°	à	360°	du 19 février au 20 mars

Comme le Soleil avance (toujours en apparence) d'un degré par jour le long du cercle théorique appelé Zodiaque, il met trente jours pour parcourir l'angle correspondant à chaque signe. Si, lors de la naissance du sujet, le Soleil, à son lever, s'est trouvé entre le premier et le trentième degré, donc dans le signe du Bélier, le sujet est dit « natif du Bélier ». Comme un lien existe, une harmonie se révèle dans l'ensemble de l'Univers et surtout dans l'ensemble du monde terrestre, il se trouve que les personnes nées à la même période, sensiblement sous la même longitude, ont des caractéristiques communes; de ces caractéristiques, on a conclu qu'elles subissaient une influence supposée venir des astres dans le ciel; on les a groupées sous un symbole qui leur est commun. Vous, Bélier, partagez certaines caractéristiques qui sont les vôtres avec la majorité des gens nés à la même époque de l'année que vous, même s'il s'agit d'une autre année. Et l'on perfectionne encore le système en divisant chaque secteur du Zodiaque en trois parties appelées décans parce qu'elles mesurent 10°. Pour le Bélier, on a donc :

- premier décan du Bélier : entre le 21 et le 30 mars;
- deuxième décan du Bélier : entre le 31 mars et le 10 avril;
- troisième décan du Bélier : entre le 11 et le 20 avril.

Les planètes dans votre ciel

Pendant cette période du Bélier, qui dure du 21 mars au 20 avril, la course du Soleil s'est développée de 0° à 30° de longitude. Cela veut dire qu'à son lever, par rapport à la Terre, le Soleil apparaît entre ces deux points à l'horizon.

Ayant ainsi déterminé le signe zodiacal de naissance, ce qui permet de définir les traits principaux du sujet, on cherche davantage de précisions en observant la position des planètes à ce même moment.

De quelles planètes s'agit-il ?

Voici la liste des huit planètes et des deux luminaires qui sont considérés comme susceptibles d'influencer le sujet lorsqu'ils se trouvent à sa naissance dans le même signe du Zodiaque que le Soleil : Soleil, Lune, Mercure, Vénus, Mars, Jupiter, Saturne, Uranus, Neptune et Pluton. Selon Mme Lisa Morpurgo Dordoni et l'argumentation de son livre *Introduction à la nouvelle astrologie* (Hachette, édit.), il y aurait dix planètes et deux luminaires, soit douze en tout, autant que de signes du Zodiaque. Mais les planètes au-delà de Pluton, qu'elle nomme X et Y, n'ont pas encore été perçues.

Parlons un peu de ces planètes, même si nous devons nous répéter pour chacun des signes du Zodiaque. C'est essentiel pour bien comprendre la suite.

Chaque planète parcourt une certaine distance à sa vitesse propre, différente de celle des autres. Vitesse qui est différente aussi de celle du Soleil. Bien entendu, toujours selon les apparences du ciel vu de la Terre, considérée comme son centre.

Il y a des cas où le Soleil se trouve seul dans le signe de naissance du sujet. Il s'y trouve forcément, puisque c'est sa présence qui définit le signe de naissance; mais il pourrait être accompagné d'autres planètes. Lorsqu'il n'y a que le Soleil dans le signe, les caractéristiques du sujet ne sont pas nettement marquées; ses traits personnels ne sont pas extrêmement originaux. Mais, dans d'autres cas, des planètes sont dans le signe; le type morphologique et caractériel du natif est alors plus accentué. Le type morphologique constitue l'ensemble de ses traits physiques, l'aspect du visage, l'allure générale de la silhouette, les attitudes habituelles du corps. Le type caractériel correspond à la personnalité psychologique, un mélange de qualités et de défauts qui fait que chaque être humain est unique.

Les planètes qui se rencontrent le plus fréquemment dans le ciel de naissance sont Mercure et Vénus parce que, dans leur course à travers le ciel, ces planètes ne s'éloignent jamais beaucoup du Soleil.

Au mouvement général du Soleil et des planètes dans le ciel s'ajoute le mouvement de rotation de la Terre sur elle-même; au cours de ce mouvement, qu'elle accomplit en vingt-quatre heures, chaque point de la Terre se trouve successivement face à chaque signe du Zodiaque. A l'instant où l'un d'eux apparaît (théoriquement) à l'horizon, du côté de l'orient, il influence le sujet. Si c'est à l'instant de la naissance que ce signe apparaît, il est dit ascendant. C'est l'ascendant du sujet.

On peut donc naître Bélier ascendant Taureau, Bélier ascendant Vierge, etc. selon l'heure de la naissance. C'est pourquoi, en vue de déchiffrer astrologiquement la personnalité du sujet, il est nécessaire de connaître l'heure de sa naissance, en plus de la date et du lieu géographique exact.

Le signe zodiacal déterminé par la date de naissance du sujet est son « signe solaire ».

Le signe zodiacal déterminé par l'heure de la naissance du sujet est appelé « signe ascendant ».

Pour se connaître et se déchiffrer, on doit déterminer le « signe ascendant », le « signe solaire » ne suffisant évidemment pas.

En plus de ces deux éléments, « signe solaire » et « signe ascendant », il faut, pour se définir, savoir quelles planètes ont été influentes dans le ciel de naissance; comme, dans les contes, on devait parler des « fées » penchées sur le berceau du nouveau-né...

Nous connaissons la liste des planètes, nous verrons plus loin quelle est leur influence sur les natifs du Bélier.

Recherche du signe ascendant

Les indications que donne votre signe de naissance sur ce que sera votre vie sont donc complétées par la présence d'un autre signe zodiacal que l'on appelle l'ascendant. Il y a douze ascendants possibles : les douze signes du Zodiaque. Le signe ascendant est celui qui, théoriquement, se levait à l'horizon à l'instant où le sujet venait au monde et exhalait son premier souffle. Il est donc nécessaire que vous connaissiez l'heure de votre naissance. Cette heure, c'est l'heure locale de l'endroit où vous êtes né. A partir de ce renseignement, on recherche et on détermine l'« heure sidérale ». En additionnant l'heure sidérale et l'heure locale, on obtient le temps sidéral.

Où trouver ces heures ? L'heure locale est indiquée dans votre acte de naissance dressé par le service de l'état civil de la commune où vous êtes né. L'heure sidérale se trouve dans les tableaux vendus dans les librairies spécialisées en Astrologie.

En consultant un autre tableau qui indique la position des astres, vous trouverez votre signe ascendant.

La valeur de l'Astrologie

Quelles conclusions tirer de tout ce qui précède, sinon que l'Astrologie possède des bases solides et permanentes et qu'elle fournit probablement une explication, mise à la portée de tout le monde, des influences qui circulent à travers le Cosmos et manipulent en quelque sorte la matière, lui donnant ou lui refusant la vie, et réglant, dans une certaine mesure, le déroulement même de cette vie.

Mais les astres n'ordonnent pas : ils « inclinent ». Cette phrase, que les astrologues ne manquent jamais de rappeler lorsqu'ils commentent un horoscope, signifie que les diverses tendances qui sont en chacun de nous et qui différencient nos personnalités nous poussent ou nous retiennent dans diverses directions, mais que, doués d'une volonté et d'un raisonnement qui nous sont propres, nous agissons, en dernière analyse, comme bon nous semble.

Si elle n'est pas encore en mesure d'admettre un certain nombre de données, la Science moderne a cessé de nier les influences astrales telles que les présente l'Astrologie. Elle estime que les manifestations infinies de la matière ne sont que des forces diverses de l'énergie universelle. Cela nous conduit à une autre vérité, proclamée en Orient depuis des millénaires : la dualité de l'esprit et de la matière se fondant en une unité inconcevable intellectuellement par l'esprit humain, mais dont les hommes ont constaté l'existence.

Les planètes et leur action réciproque

Au regard des êtres humains, il y aura toujours, devant la pluralité, l'unité; et c'est par cette mystérieuse unité que les êtres et les astres exercent entre eux des actions réciproques.

Notre système planétaire n'est qu'un modeste point dans l'univers; dans ce mystère, les planètes, selon la théorie de Laplace, doivent au Soleil d'exister. Il semble que ce soit en tournant sur lui-même que, dans ce mouvement rotatif et par l'effet d'une force centrifuge, le Soleil projeta autour de lui, il y a quelques milliards d'années, des cercles de matières à l'état incandescent qui se sont refroidis. Ceux-ci ont perdu cette forme d'anneaux, se sont brisés en plusieurs corps, lesquels se sont animés à leur tour, chacun d'un mouvement rotatif qui lui était propre, tout en tournant autour du Soleil, cela en raison de l'existence de la loi de gravitation universelle. Le savant explique la formation du système solaire en versant dans un bassin d'eau une masse d'huile et en faisant tourner le tout avec une baguette. Des anneaux se dégagent alors de la masse centrale, qui ensuite se brisent, se condensent en boules, lesquelles se mettent à tourner autour de la boule centrale, comme les planètes autour du Soleil.

Le Soleil est un cœur

Il n'est pas illogique de considérer alors le Soleil comme un cœur, le cœur d'un corps gigantesque, dont les planètes et leurs satellites seraient les membres. Le Soleil n'est-il pas la source de l'énergie que les planètes reçoivent sous forme de lumière et de chaleur? Probablement aussi sous forme de fluide vital. Les planètes, à leur tour, projettent ces forces dans l'espace, après les avoir modifiées selon leur nature propre et les fonctions qu'en leur qualité d'organes et de membres de ce corps elles doivent accomplir. Ce phénomène se déroule, en principe, de la même façon que lorsque l'être humain utilise au moyen de ses membres l'énergie que lui-même leur envoie par son cœur et que transporte son sang, et qui leur permet de remplir la fonction pour laquelle ils ont été créés. Et, de même que les membres sont reliés entre eux par le système nerveux, des liens subtils permettent une intercommunication entre les planètes.

On ne voit pas très bien comment et pour quelles raisons l'être humain échapperait aux lois naturelles qui régissent l'ensemble de l'Univers.

Il n'y a donc aucune témérité, de la part de l'Astrologie, à considérer l'homme comme le reflet du Cosmos et à affirmer qu'il en subit les influences variées selon certaines lois et règles qui, même si elles n'ont pas encore été expliquées, n'en sont pas moins vraies. On ne peut pas démontrer qu'il est contraire à la logique d'énoncer que telle influence cosmique est en correspondance et en harmonie avec des manifestations données de la matière. C'est en cela que se justifie la tradition selon laquelle tel pays, telle pierre, telle plante, tel animal possède des affinités avec telle planète. Et aussi, bien sûr, tel être humain.

Les Anciens et l'Astrologie

L'un des Grecs les plus brillants, le philosophe Platon, a étudié l'influence de la Lune et du Soleil sur la constitution des sexes.

Dante n'a-t-il pas dit : « En se mettant en harmonie avec le Cosmos, le sage est maître de sa destinée. » Et il n'a pas hésité à déclarer que l'Astrologie était la plus noble des sciences.

Aucun livre ne prête autant à l'interprétation que la Bible. Les paroles de Jacob, dans la Genèse, la vision d'Ezéchiel, tout le Livre de Daniel et même l'Apocalypse sont étrangement éclairés de lueurs astrologiques.

Mais l'Astrologie poursuit des buts d'une utilité plus pratique et plus directe que l'interprétation des textes religieux, bien que ce soit là une fort belle et grande tâche. Elle s'est donné pour mission de nous aider à trouver notre voie, à comprendre la vie, à voir plus clair dans le plan de notre destinée personnelle.

En dernière analyse, l'action des astres ne peut être que favorable. Quand elle ne l'est pas, c'est que les hommes ne savent pas se mettre à l'unisson de l'infinie harmonie universelle. Supposez un homme apprenant qu'il est né sous le plus mauvais des aspects planétaires; que fera-t-il ? Il se préparera à lutter. En luttant, il se durcira, il accroîtra ses forces, il prendra l'habitude de résister, de vouloir, de persévérer, et l'on sait que ce sont souvent les personnes qui ont vécu dans les conditions les plus misérables qui ont réussi non seulement à les dominer, mais à monter toujours plus haut sur le chemin du succès.

Les noces de l'Agneau. Apocalypse *historiée du XIII*^{e} *siècle.*

Retable de l'Agneau mystique *(détail), par Van Eyck, 1426 (copie du musée d'Anvers).*

Chapitre III
Le mythe du Bélier

« Tant que durera le Feu
la vie rayonnera dans l'univers. »
FULCANELLI.

Cher Bélier qui me lisez ici, vous cherchez déjà à tout savoir sur vous-même. Mais dans une première partie, j'ai voulu vous expliquer les grandes lignes de l'Astrologie. Avant de vous donner un peu plus de précision sur votre ciel de naissance, donc sur l'influence des astres dans tout ce qui vous concerne, votre caractère, votre aspect physique, votre personnalité, vos tendances et le déroulement de votre destin, j'aimerais vous parler encore de votre signe, qui est un des plus beaux, et de tout ce qui le concerne.

Si vous avez hâte de vous connaître selon le portrait et l'interprétation que je vais vous donner plus loin, passez donc tout de suite à la deuxième partie. Plus tard, votre fringale apaisée, vous serez très intéressé par ce que je vais exposer ici; vous y reviendrez alors et c'est peut-être ce passage de mon livre que vous préférerez.

Si vous êtes de nature patiente – ou d'un autre signe que le Bélier – ou si vous avez déjà lu votre portrait, alors prenez tout votre temps, car ici sont décrites un certain nombre de notions qui vous permettront de mieux vous comprendre.

Le symbolisme du Bélier

Avec le Bélier, nous entrons dans une nouvelle année, selon l'Astrologie. L'année civile, commençant au 1er janvier, est en effet une création de l'esprit logique occidental. Dans la course des astres comme dans le comportement de la nature sur la Terre, l'année semble bien commencer le 21 mars, premier jour du printemps, équinoxe de printemps, où la nuit est égale au jour, point vernal, base de toute observation. Le Soleil passe ce jour-là par un point précis, où l'écliptique coupe la ligne équatoriale. Ce jour-là, le Soleil, en passant par le point 0° du Bélier, quitte l'hémisphère austral pour l'hémisphère boréal. C'est le jour même de l'espérance; la longue souffrance de l'hiver expire; un merveilleux recommencement s'annonce.

La période durant laquelle le Soleil restera dans le signe zodiacal du Bélier est la première phase du printemps. Cette période est celle de la renaissance, du dynamisme, de la remontée de la sève, du changement radical et du recommencement perpétuel. Les jours s'allongent et la lumière, la chaleur, en un mot, le feu accentue son rayonnement.

La poussée est joyeuse; tout semble vouloir bondir et courir, se réchauffer et s'égayer. C'est bien ce qu'exprime le symbole attribué à cette période de l'année, cet animal qui, dans son enfance, lorsqu'il est agneau, est une telle image de joie bondissante et qui, dans sa vie adulte, est le meneur du troupeau. A l'origine, une constellation céleste portait ce nom; elle caractérisait le signe. L'Astrologie, cependant, est une très antique science et, depuis l'institution de ses premières règles, les astres se sont insensiblement déplacés, la sphère céleste a tourné imperceptiblement. Ceci donne aux détracteurs de l'Astrologie un argument facile : dire que l'on est Bélier ne signifie plus grand-chose. Raisonner ainsi, c'est se tenir un peu trop au « ras du sol ». En fait, le nom de Bélier est typique de cet élan de la nature et c'est bien pour cela qu'on le conserve.

Le signe symbolique représentant le Bélier indique que dans l'animal on ne considère que la tête et, dans la tête, surtout les cornes, car ce sont elles qui s'avancent pour forcer la vie, le destin, les autres, et forcer l'entourage à s'engager en avant, vers un progrès, vers la justification d'aspirations bouleversantes.

Pour tout cela le signe du Bélier est un signe de Feu.

Dans le Zodiaque, les quatre éléments ont leurs signes. Il y a trois signes de Feu, trois signes d'Air, trois signes d'Eau et trois signes de Terre.

Le Bélier est le premier signe de Feu.

Mythologie du Bélier

Le Zodiaque se présente comme un circuit sans fin, un anneau refermé sur lui-même. Le premier signe de l'année vient donc après le dernier signe de l'année précédente, sans aucune transition; le Bélier suit les Poissons. Cette remarque n'est pas vaine. Elle attire votre attention sur un point précis : le renouveau de la vie suit l'inondation de la fonte des neiges comme la renaissance de l'humanité a suivi le Déluge; ou encore comme le monde matériel fut créé après l'assèchement partiel d'un océan infini qui couvrait le monde et où tout était confondu. Nous nous trouvons devant une image qui a servi de point de départ et de guide à toutes les religions, à toutes les traditions et à toutes les philosophies.

Chez les Hindous, dit André Barbault, le dieu créateur appelé « Poisson de Feu » est « le père des trois feux ». Ce dieu créateur s'appelle Agni. Il est représenté monté sur un bélier...

En Perse ancienne, on trouve encore le Bélier; il s'appelle Agneau.

Dans la mystique chrétienne, le Christ est assimilé à l'Agneau.

Dans la mythologie gréco-romaine, Neptune, divinité des mers, avait procréé un bélier-dieu dont la toison était d'or pur. C'est dans cette légende que nous retrouvons le mieux les nuances qui caractérisent les natifs du Bélier. Quelle est donc cette légende ?

Cela commence à Thèbes, où règne le roi Athamas qui est également prêtre de Zeus-Laphystios. Selon le rituel du temps, cette fonction l'appelle à célébrer des sacrifices en égorgeant un bélier sur l'autel de la divinité.

Athamas a pour épouse la déesse Néphélé, ce qui signifie nuages. Il a eu d'elle deux enfants : Hellé, une fille, dite « la Lumineuse », et Phryxos, un garçon, dont le nom veut dire « le Bouclé ».

Mais Athamas s'est lassé de sa première épouse et la répudie. Il se remarie avec Ino. Or Ino déteste les deux enfants d'Athamas et ne souhaite que les détruire. Pour cela elle commence par provoquer une terrible famine dans le royaume. Athamas consulte l'oracle afin de trouver un remède à cette situation dramatique. Mais Ino a circonvenu l'oracle ou, tout au moins, l'interprète qui l'exprime. Et l'oracle déclare que les dieux exigent le sacrifice d'un bélier, en précisant un « bouclé ». Angoisse chez Phryxos, le Bouclé. Il craint d'être lui-même sacrifié. Épouvanté, il court retrouver sa véritable mère, Néphélé, qui s'est retirée sur l'Olympe, chez les siens. Néphélé ne peut naturellement pas résister à une telle prière car rien n'arrête une mère quand il s'agit de sauver son enfant. Néphélé obtient des dieux qu'une nébulosité se condense sur la Terre en prenant la forme d'un bélier d'or qui se met aussitôt à la disposition des deux enfants, Phryxos et Hellé; il les invite à se hisser sur son confortable dos et à s'y accrocher solidement car il va les emporter vers le pays des rêves, de leurs rêves, l'Orient, lieu où naît le premier rayon de la claire aurore.

Douillettement installés parmi les boucles d'or de

la toison merveilleuse, les deux petits enfants ne tardent pas à s'endormir, bercés par le mouvement du bélier qui voyage. Phryxos a bien entouré sa petite sœur de ses deux bras protecteurs; mais son sommeil devient si profond qu'il relâche son étreinte. Hellé tombe malheureusement à la mer. Elle s'enfonce dans le détroit des Dardanelles qui depuis prend le nom d'Hellespont, en souvenir de la jeune Hellé. Plus tard, le bélier dépose Phryxos en Colchide, sur le rivage asiatique. Mais, pour s'installer en ce lieu, il lui faut plaire au souverain régnant, Aètes. Celui-ci exige un cadeau de grand prix et Phryxos ne possède rien.

– Tue-moi, lui dit alors le bélier, et offre-lui ma toison d'or, cela ne manquera pas de lui plaire. Ainsi seras-tu reçu avec bienveillance.

Le Bélier exprime ainsi que ce signe est, entre autres caractéristiques, un signe de sacrifice.

Ainsi fut-il fait et le roi est si content qu'il donne sa fille en mariage à Phryxos. La Toison d'or est cachée en lieu sûr, au fond d'un bois épais que garde un dragon qui ne dort jamais.

Plus tard, beaucoup plus tard, on le sait, Jason partit à la recherche et à la conquête de la Toison d'or du bélier miraculeux, celle-là même qui était cachée dans le bois touffu sous la garde du dragon – qui-ne-dort-jamais. Il était accompagné de cinquante de ses amis et c'est la célèbre expédition des Argonautes.

Le sens de la légende

Les légendes mythologiques ne sont pas des inventions arbitraires. Si le mythe est par essence même une déviation de la réalité, en revanche, ce qu'il veut nous enseigner est une vérité. La mythologie ne porte ce titre que par opposition à la vérité qu'elle masque et nous explique pour ensuite nous la faire mieux accepter.

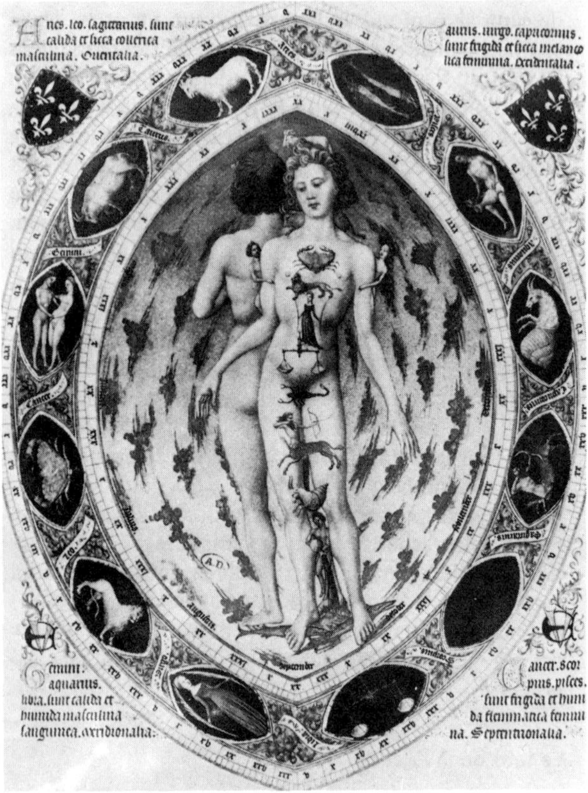

Homme-Zodiaque. Les Très Riches Heures
du duc de Berry, *XVe siècle (musée Condé, Chantilly).*

Si nous nous attachons à l'étude du sens de la légende ci-dessus, nous y découvrons le portrait rigoureux autant qu'exact des natifs du Bélier.

Il nous suffit de revoir ce qui a été dit et d'en tirer les conclusions qui s'imposent tout naturellement, elles vont nous aider à définir la personnalité des natifs du Bélier.

Nous sommes au début de l'année et ceux qui naissent à cette date, ceux qui sont sous ce premier signe, vont en subir l'influence. Le natif du Bélier est un être jaillissant qui vit, dans une sorte d'inconscience, pas très assuré d'être ce qu'il est effectivement et doutant de soi, sans le laisser paraître. Il est mû par un instinct vigoureux, une force souvent incontrôlable, comme celle qui fait jaillir bêtes et plantes du creux de la terre après l'assoupissement hivernal. Il est un signe de Feu et de feu créateur, non de feu destructeur. C'est une flamme encore incontrôlée qui illumine, qui inspire, qui ravive.

Le signe du Bélier est placé sous l'influence directe de la planète Mars dont il concrétise les caractéristiques traditionnelles. En effet, la personnification antique de Mars est le dieu de la Guerre. Dans notre ciel de chaque nuit, regardez bien Mars, c'est une planète émettant une lumière rouge; or le rouge est la couleur de la matérialité, du sang, de la passion et de toutes les violences. Mars, c'est la violence intérieure; mais les erreurs que Mars fait commettre ne doivent pas lui être intégralement imputées; le responsable reste l'être qui, né sous son influence, n'a pas su s'en garder. Il fallait qu'il en soit averti. Une statistique récente a montré que les hommes de guerre naissent dans le signe du Bélier avec dans leur ciel Mars ascendant ou culminant. Ce qui est une accentuation des traits que donne ce signe à ses natifs.

La force du Bélier et même sa violence sont cependant teintées d'une étonnante pureté. Le Bélier se ressent toujours d'avoir été un agneau.

L'influence de Vénus et de Saturne peut cependant nuire à cette pureté, la troubler. Nous développerons ailleurs ce problème; pour l'instant, revenons à la légende mythologique de la Toison d'or.

Nous venons de voir que le jeune Phryxos, au cours du voyage sur le dos du bélier, s'est endormi et a relâché sa sœur Hellé. Cela implique une certaine tendance à la facilité chez les natifs du Bélier, une certaine négligence. Ils peuvent perdre par inadvertance ce qu'ils avaient réussi à obtenir. Ils peuvent tendre prodigieusement leur énergie vers le but qu'ils ont choisi et la relâcher trop tôt une fois ce but atteint, juste avant la consolidation de leur résultat et encore au point où rien n'est définitif.

Lorsque le bélier à la Toison d'or dépose en Colchide le jeune « Bouclé », il lui demande de le sacrifier pour se faire bien voir du roi de ce pays et pour y être favorablement accueilli. C'est une excellente peinture du natif du Bélier qui doit, dans certains cas, sacrifier son idéal personnel pour obtenir des résultats concrets. Il reste envers et contre tout un être destiné à ne réussir qu'en passant par d'importantes et graves privations. Des sacrifices que, trop souvent, l'entourage le plus proche ne soupçonnera même pas. Natifs de ce signe, attendez-vous à cette épreuve : elle vous est imposée par votre signe et elle vous est bénéfique.

La Toison d'or est ensuite cachée dans un bois touffu gardé par un dragon qui ne dort jamais. Nous avons ici, clairement exposé, le secret de la sagesse, laquelle exige une tension continuelle de l'esprit. Il y a constamment de nouvelles difficultés qui s'élèvent et qui forcent celui qui veut vaincre à renoncer définitivement à la route plaisante, facile et fleurie, pour adopter les sentiers abrupts, en vue de se réaliser pleinement. Le natif du Bélier est très conscient de cette nécessité.

La décision de Jason de partir à la conquête de la

Toison d'or correspond bien au don d'initiative et à celui de rapidité dans la décision des natifs de ce signe.

Le natif du Bélier, lorsqu'il s'analyse, considère qu'il n'utilise qu'une très faible part de l'énergie qu'il sent bouillonner en lui pour parvenir à ses buts; ou bien qu'il n'arrive pas à la diriger selon ses vœux. De là ses instincts de combat, sa révolte. Ce caractère guerrier est symbolisé par les dents du dragon et par les flammes que crache sa gueule.

Chapitre IV
Explication astrologique du signe

« C'est d'harmonie, de l'harmonie céleste
que tout cet univers est né. »
DRYDEN.

Le temps du Bélier, qui commence avec le printemps, est bien la résurrection de l'année et l'aurore d'un cycle.

Il y a, dans le temps du Bélier, de l'optimisme, de l'espérance, du renouveau, un recommencement et tant d'espérance que nos âmes ne peuvent pas y rester insensibles. Il y a une exaltation des forces de la nature, un excès d'élan et d'ambition, un fourmillement de vœux et d'intentions, et c'est la période de la reproduction animale; c'est pour nous tous un nouvel espoir de réaliser enfin ce que l'on n'a pas encore achevé, d'entreprendre ce que l'on n'a pas commencé, de reprendre ce que l'on n'a pas réussi.

Le signe contient l'équinoxe de printemps. L'équinoxe d'automne se trouve dans le signe de la Balance.

Tandis que la Balance est équilibre, mais indécision, le Bélier est mouvement en avant, donc déséquilibre, sauts brusques, improvisations, impétuosités. L'être né sous ce signe est difficilement adaptable aux routines : son instinct surchargé de vitalité s'y oppose. Il doit créer à tout prix. Il est l'impulsion, l'énergie encore mal disciplinée, la force anarchique. Il bondit, il fonce, il se précipite, fort, animé, ardent.

En face de ce signe, sur le cercle zodiacal, la Balance est tout l'opposé. Elle donne à ses natifs un style équilibré, moteur et freins égaux en force, élan et contrainte se mesurant. Ici, tout s'apaise, tout se prépare à un tranquille achèvement, tout se perfectionne, tout est délicat, raffiné, évolué. Le natif de la Balance ignore sa vérité première; il est le modèle le plus adapté, le plus perfectionné, le plus accommodant et le plus régulier, égal à lui-même en toutes circonstances. Il n'est pas destiné à lutter contre, mais à s'associer avec.

Les éléments

Le signe du Bélier se situe dans un triangle de l'élément Feu. Il y a trois signes de Feu; ce sont le Bélier, le Lion et le Sagittaire. Selon une gradation des plus classiques de la symbolique du ternaire, le Bélier est le Feu naissant et créateur; le Lion est le Feu ardent, à pleines flammes, exaltant; le Sagittaire est le Feu qui a dévoré, qui a consumé, qui a purifié aussi.

Le feu naissant, le feu créateur, le feu source de vie du Bélier, est souvent plus lumière que flamme. Saint Jean était appelé Porteur de Lumière.

Le signe du Lion est un feu plus mûr, mieux maîtrisé, avec une flamme obéissante, transformée en énergie savamment dirigée, une force plus qu'une clarté, orientée, utile, favorable à la puissance du moi.

Le signe du Sagittaire, troisième signe de Feu, représente la flamme purifiée et purificatrice, légère et philosophique, évoluée et spirituelle plus que matérielle. La flamme qui élève l'âme. Elle est pensée plus qu'impulsion, elle est méditation plus que mouvement. Elle est résultat plus que force ou énergie. Son efficacité est moins directement perceptible mais néanmoins aussi importante.

C'est en raison de la renaissance que la fin du mois de mars apporte dans la nature tout entière que le Bélier a été choisi comme symbole de cette période de l'année.

Le Bélier est toujours en tête du troupeau comme le printemps est en tête des saisons. Et l'on doit remarquer que toute la force du Bélier est concentrée dans sa tête, dans ce crâne qu'il projette en avant quand il fonce. C'est pourquoi ses cornes sont l'élément essentiel du graphisme symbolique par lequel on le représente en Astrologie. Il n'est, en fait, que tête et cornes. Tout est là. Il représente ce qui crée, ce qui initie, ce qui annonce, ce qui entraîne, ce qui inaugure, ce qui lance, ce qui fait vivre, ce qui éveille, ce qui explose.

C'est un signe agressif : la nature se réveille, elle est bouillonnante, tumultueuse, brûlante, dans son désir de revivre. Cette agressivité n'est pas gratuite; elle est exigée par la lutte pour la vie. Le Bélier est préparé à cette lutte par Mars.

La tendance de la planète Mars se confond en partie avec le caractère du signe et en cela, à cause de cela, elle a sur les natifs la plus grande influence.

L'influence des planètes sur les natifs du Bélier

Il existe un complexe d'influences entre les divers éléments concourant à caractériser les natifs du Bélier.

Il y a le fait que c'est le premier des signes du Zodiaque; qu'il correspond à la Maison I, laquelle représente les tendances animatrices, la psychologie, dans la suite des douze Maisons qui totalisent tous les points de vue auxquels se place l'astrologue pour définir un horoscope. Il est gouverné par Mars, planète de l'agressivité, et par le Soleil, source de vie. Il appartient à l'astrologue de discerner pour chaque naissance dans quelle proportion agissent les courants et leur intensité.

Le caractère du natif du Bélier, tel qu'il se définit sur un plan général, est un type théorique qui n'existe pas à l'état pur dans la réalité; en effet, tout natif du signe est sous l'influence des planètes et de leur position respective au moment où il est venu au monde.

Certaines planètes ont une influence qui est nettement contraire aux traits dominants du signe; lorsqu'elles se trouvent dans une position influente au moment de la naissance du sujet, elles sont soigneusement définies et observées. Quand elles s'opposent aux traits du signe, elles sont dites « en exil » dans le signe. C'est le cas, par exemple, de Vénus pour le Bélier; Vénus qui est très favorable aux natifs de certains autres signes, est « en exil » dans le Bélier. Elle nuit aux natifs, elle les déprime, parfois elle les dévirilise, généralement elle les affaiblit. C'est un effet comparable que produit dans ce même signe la présence de Saturne. Saturne a une influence inhibitrice. Il sera favorable aux natifs d'un signe de calme et de méditation, mais il est très défavorable aux Béliers : il leur est trop opposé.

C'est à cause de l'influence des planètes présentes dans le ciel de naissance des sujets que l'on ne peut jamais définir avec rigueur le caractère que donne le signe solaire seul.

Une carte du ciel de naissance rigoureusement calculée et tracée par un spécialiste peut donner des détails utiles et précis. Nous ne pouvons ici que nous en tenir à des généralités, et l'intérêt de cette étude réside dans les notions qu'elle donne, dans les tendances qu'elle signale et dans le désir qu'elle peut provoquer chez le lecteur intéressé de faire établir son horoscope exact, ou, au moins, de savoir de quoi l'on parle quand on traite de ces questions. Il est cependant des traits qui sont assez généralement répandus chez tous les natifs d'un même signe pour qu'il y ait intérêt à les connaître et y trouver les éléments utiles pour se diriger dans la vie, pour réussir mieux et plus facilement, pour orienter les jeunes dans un sens où ils puissent donner le meilleur d'eux-mêmes. Il est toujours possible de tirer parti de la description des tendances vers lesquelles incline la présence d'une planète dans le signe solaire.

On pourrait donner une liste des planètes avec, en regard, la tendance qu'elles apportent en général par leur seule influence; il me paraît plus utile d'indiquer pour chaque signe l'influence de chaque planète, plus spécialement sur les natifs du signe considéré. L'ensemble des douze études sur chacun des signes du Zodiaque donne, en définitive, tout ce qui concerne chaque planète.

Jupiter l'exaltant

La planète Jupiter, d'une manière générale, favorise l'expansion, l'énergie, la force et l'épanouissement. Elle apporte une agréable détente comme conséquence de cette poussée en avant, de ce supplément de puissance généralement assez bien ressenti par les sujets. Il va de soi que le résultat de cette influence varie avec la personnalité de celui qui en bénéficie et qu'il se nuance selon le signe solaire. Selon M. Gauquelin, on pourrait définir une sorte de tempérament typique de celui qui se trouve sous l'influence de Jupiter.

Chez le Bélier, d'instinct insouciant et généralement gai, la présence de Jupiter dans le ciel de naissance crée une incitation à la distraction.

Cependant, si d'autres causes interviennent qui font naître chez le sujet un sentiment d'impuissance et de malchance, Jupiter risque de développer un certain état de crise qui s'extériorise par des accès de colère plus ou moins justifiés; c'est le côté négatif de cette influence. Et chez celui qui se sent particulièrement fort, au-dessus de la mêlée, cette influence provoque une amplification de la personnalité, suscite des vues élevées, inspire le sens des grandes actions et le don de réaliser des chefs-d'œuvre, s'il s'agit d'un artiste créateur.

On note, avec Jupiter dans ce signe, des gains réalisés en voyage, dit Zolar; et, au cours de ses voyages, le sujet se fera de bons amis. Il aura le don de se sentir à l'aise à l'étranger.

Il aura du succès; les liens familiaux lui seront particulièrement bénéfiques et, notamment, son avoir sera augmenté par un héritage du côté maternel. Sa famille lui sera toujours dévouée.

Si l'on note que la révolution zodiacale de Jupiter est de douze ans, donc qu'il s'agit d'une planète « lente », on pressent que son influence sera complexe, à conséquences permanentes et sans brusquerie. Cette influence tend à favoriser le succès par des éléments souvent difficiles à déceler, mais susceptibles de s'appliquer facilement au tempérament agressif martien, dominant chez les natifs du signe.

L'influence de Jupiter est bénéfique.

Le Bélier qui a Jupiter bien aspecté dans son ciel de naissance sera favorisé d'abord par sa propre tendance à l'euphorie, à l'optimisme. De tous les traits de son caractère, cette planète mettra en valeur le versant le meilleur.

Pluton et la violence

Pluton est une planète qui porte en elle la violence et qui partage avec Mars le don de l'agressivité. Lorsqu'elle est présente dans le ciel d'un natif du Bélier, elle ajoute sa violence à celle de Mars, mais la violence de Pluton est comme souterraine, noire et sourde; elle agit en profondeur, en complète opposition avec l'éclat et la vivacité caractéristiques de Mars.

On peut faire confiance à Pluton pour influencer les natifs du Bélier ! Cette planète a son domicile diurne dans ce signe. Il existe donc un rapport étroit entre Pluton et les natifs du Bélier. On qualifie en effet de « domicile » d'une planète le signe zodiacal où elle se manifeste le plus clairement et librement. La planète règne sur le signe qui est son domicile, donc sur les natifs du signe.

On reconnaît à Pluton un caractère de virilité marqué, cela se traduit par une valeur constructive en général. Disons que Pluton apporte un potentiel de vie en quête d'un but, d'un projet, d'une ambition à susciter et à soutenir.

L'affinité qui fait dire que Pluton a son domicile en Bélier entraîne une exaltation de l'élan créateur, de la faculté de réaliser, chez le sujet qui a Pluton présent dans son ciel de naissance.

Saturne en chute

Astrologiquement parlant, Saturne est « en chute » dans le Bélier. Cela veut dire que cette planète n'y a que peu d'influence.

Saturne est une planète que l'on qualifie d'inhibitrice : lorsqu'elle est présente dans le ciel, elle freine tout. Premièrement, elle efface le côté extérieur des choses, les retournant vers l'intérieur; du gai Bélier qui aime les contacts humains, elle fait un introverti. En même temps, elle lui donne de la force, ce qui l'entraîne à se tourner activement vers lui-même, à se scruter, à s'étudier jusqu'au tréfonds de sa propre personnalité, dépensant en somme intérieurement l'énergie de tous ceux de son signe. S'il appartient aux grands esprits, il peut alors réaliser une auto-analyse de valeur, mais en général cette introspection a pour conséquence un sentiment d'angoisse.

Le Bélier, cependant, refuse instinctivement cette influence. Saturne « en chute » dans le signe n'a pas la possibilité de développer véritablement son influence normale; il peut en résulter une influence équilibrante : c'est le cas le plus favorable.

Comme le natif du Bélier tend à être brutal et

agressif, Saturne, qui incite au retournement contre soi-même, apporte au caractère un côté destructeur et surtout autodestructeur. Il est des cas où sa présence peut prendre un sens tragique. Ou bien cet élément destructeur se limitera à un blocage de l'activité, à un refoulement de l'élan vital, c'est-à-dire à un refus de se laisser aller aux mouvements spontanés et primesautiers qui sont habituellement instinctifs chez les natifs du signe. Le sujet est alors mécontent de lui : il ne s'aime pas; il se refuse; il se renie et sa situation vis-à-vis de lui-même le dissuade de toute action.

On voit donc que la présence de Saturne dans le ciel de naissance d'un Bélier sous-entend quelques troubles. Cela se traduit par des obstacles dans la première partie de la vie du sujet; il s'agit de troubles domestiques aussi bien que de chagrins causés par des amis.

Il a des chances de se marier avec un partenaire plus âgé que lui (ou qu'elle), mais jaloux.

Il y aura probablement dans sa vie plusieurs voyages, mais des dangers courus au cours de ceux-ci lui causeront de la frayeur.

Le natif du signe finira sa vie dans l'aisance, grâce à l'argent qu'il aura gagné par sa persévérance et sa concentration dans son travail, plus que par son audace ou son dynamisme.

Vénus et l'amour

Astrologiquement parlant, on dit que Vénus est « en exil » dans le Bélier. Cette expression veut dire qu'elle se trouve exactement à l'opposé du signe.

Vénus a toujours symbolisé le sentiment et l'amour. C'est une planète de douceur, de féminité et de grâce. Lorsqu'elle veut bien favoriser le signe du Bélier, elle ajoute à la vivacité caractéristique du signe la couleur

Le Printemps, *par Sandro Botticelli (détail), 1478 (musée des Offices, Florence).*

du sentiment, et cela peut conduire ou bien à de grandes passions, ou bien à la réalisation, chez les artistes, de fort belles œuvres, très expressives. C'est le côté positif de l'apport de Vénus. Mais, comme nous venons de le remarquer, elle est « en exil », elle contrarie donc la marque de base de ce signe, elle affaiblit, en effet, un signe particulièrement vigoureux et elle risque de le déviriliser, si on nous permet cette expression, en lui apportant trop de mollesse, trop de souplesse qui peuvent se trouver en complet désaccord avec les autres éléments de sa personnalité. On se trouve alors devant un natif dont les élans de force et de jeunesse ne sont plus que caprices et enfantillages et auquel la maturité n'apporte aucun épanouissement, parce qu'il se limitera à de toutes petites joies, à des habitudes étroites, à des fantaisies ridicules.

Certains auteurs soulignent que la présence de Vénus dans le thème d'un natif du Bélier perturbe la pureté initiale qui habituellement le caractérise. Elle peut annoncer plusieurs amours, des entorses à la fidélité, cependant typiques de ce signe.

Vénus apporte un relatif refus des plaisirs, de la jouissance et même de la beauté, avec une aversion marquée pour le « perfectionnisme » – si Mme Dordoni m'autorise à lui emprunter cette expression imagée (*op. cit.*).

Uranus et la contestation

Uranus, planète lente, parvient encore à parcourir le Zodiaque dans le temps d'une vie humaine : environ quatre-vingts ans.

Uranus est une planète qui tend à apporter aux natifs qu'elle influence une note réformiste, contestataire, révolutionnaire même, libertaire et audacieuse. Toutes les qualités d'innovation et de dynamisme que contient le signe du Bélier sont exaltées.

La présence d'Uranus favorise l'aventure.

A ces traits s'ajoute une tendance à se limiter au nécessaire et à ce qui permet de survivre dans les cas extrêmes.

Uranus provoque, dans les périodes de crise très grave, un renouvellement des forces, une recrudescence de la volonté qui sauvent. On a dit parfois qu'Uranus *transposait sur le plan mental les réflexes physiques de Mars.*

On reconnaît généralement à Uranus des affinités avec tout ce qui est technique et surtout la capacité de créer utilement à partir d'éléments inertes : sens pratique, habileté manuelle.

Dans l'anatomie du corps, Uranus correspond d'ailleurs aux mains.

Neptune et l'illusion

La révolution de Neptune dure seize ans. Ce n'est pas une planète rapide, elle agit donc plus en profondeur que par surprise.

Mais Neptune est, dit-on, la planète des illusions. Les projets d'aventures risquent, sous son influence, de devenir utopiques et de ne pouvoir aboutir à aucune réalisation. Lorsque cette réalisation est possible, elle se traduit par des idéologies à portée humanitaire parfois utopiques, mais comportant toujours des ouvertures sur l'avenir. Le signe étant doté d'une certaine force, ces idéologies peuvent aboutir à quelque chose de positif.

Lorsque le natif se sent faible et plus imaginatif que réalisateur, ce qui peut arriver dans tous les signes, l'influence de Neptune est tout à fait illusoire et trompeuse; le natif du signe peut alors, en constatant qu'il ne réussit pas à se distinguer par ses aventures réelles, rechercher la renommée, même si cela doit arriver au prix d'un certain scandale.

La Lune et les rêves

Bien que l'on place généralement la Lune, comme le Soleil, dans la liste des planètes, il est préférable de les nommer « luminaires ». Leur présence, cependant, se traduit de la même façon que la présence des planètes. Elle a une influence très nette sur les natifs des signes.

Tout le monde connaît la durée de révolution de la Lune, qui parcourt le Zodiaque en vingt-neuf jours. Elle est classée parmi les planètes rapides. Son influence est accrue par sa proximité de la Terre.

Elle s'en trouve si près qu'il n'est pas nécessaire qu'elle soit aussi grande que les vraies planètes pour y provoquer des modifications par sa seule présence dans le ciel de naissance du sujet.

La Lune représente le lien unissant l'humain à la nature.

Elle représente, en Astrologie, le côté animal, mais considéré d'un point de vue relativement élevé.

La Lune agit sur la vie instinctive, sur les tendances non élaborées, sur ce que la raison ne se donne pas la peine de prendre en considération, sur le subconscient et même sur l'inconscient. Elle exalte la sensibilité et son action colore toute la vie affective.

Lorsqu'elle est influente dans le ciel de naissance, c'est dans cette catégorie de réactions que le sujet en ressentira les effets. C'est par ce côté obscur de sa personnalité qu'il tentera de s'affirmer.

La présence de la Lune dans un thème peut colorer la personnalité du natif de candeur, de simplicité, de confiance, ce qui peut s'accompagner d'un permanent besoin de se sentir soutenu, contrôlé, épaulé.

Le natif du Bélier qui a la Lune dans son ciel sera souvent le siège de très grands mouvements de passion : sa sensibilité sera exacerbée. Il sera extrêmement sentimental.

Les impulsions sont prédominantes, avec un caractère instable, un manque à peu près total de réalisme et une accentuation très marquée du côté enfantin, on pourrait dire « gamin », du signe. Chez la femme, la féminité est atténuée : on a une femme un peu masculine, qui n'aime cependant pas ses sœurs d'une manière anormale, mais qui ne tient pas beaucoup à la compagnie des hommes. Chez les hommes, on note une tendance à préférer les femmes viriles, les « amazones » et les « Walkyries ».

Chez certaines personnalités hypersensibles et très imaginatives, les traits caractéristiques originaux de ce signe peuvent, sous l'influence de la Lune, n'être vécus et éprouvés qu'en rêve et ne pas se traduire dans la réalité, sauf s'il s'agit d'œuvres ou de créations artistiques ou littéraires.

La présence de la Lune peut entraîner un Bélier à s'entêter dans l'erreur, sur le plan passionnel.

Mercure et le raisonnement

La révolution zodiacale de Mercure s'étend sur environ un an. Son influence est donc rapide, mais elle a le temps de marquer le sujet.

La planète Mercure représente le raisonnement, la méthode, l'organisation intellectuelle de la personne. Les élans et les bonds du natif du signe du Bélier, sous l'influence de Mercure, ne se traduiront pas par des gestes ni des attitudes physiques, mais intellectuellement, par des constructions de logique pure des plus audacieuses. Selon le degré de l'instruction reçue par le sujet, il pourra se contenter de raisonnements abstraits ou bien il réalisera de grandes œuvres philosophiques ou mathématiques.

Le Bélier qui a Mercure dans son ciel de naissance sera tenté, au cours de sa vie, de manquer de cohérence intellectuelle, et de préférer l'improvisation brillante au travail obscur et soutenu; on effleure, on fait étinceler les idées et les paradoxes; quand il s'agit d'approfondir et de préciser avec minutie, on manque parfois de persévérance. Il faut alors qu'une autre influence apporte du calme, de la ténacité et de la patience.

Le Soleil chaleureux

Inutile de préciser que sa révolution dure un an. Mais il faut toujours noter qu'il est en exaltation dans le signe du Bélier, c'est-à-dire qu'il a une grande influence et qu'il accentue les caractères propres à ce signe. Il les exalte. Il ajoute sa chaleur et l'enthousiasme qu'il répand toujours à la nature novatrice, dynamique, créatrice du Bélier. Il ôte au natif du signe tout ce qu'il pourrait avoir d'impur, de douteux, et le rend particulièrement brillant, désinvolte, généreux, gai, fort.

La présence du Soleil dans le thème de naissance du Bélier accentue la volonté, l'esprit de création, l'efficacité du sujet.

Le Bélier se projette volontiers dans l'avenir et tend à négliger le passé, même immédiat. On rencontre souvent, dans ce type de caractère, un refus énergique des traditions qui se compensera par une grande moralité, faite d'abstention et d'ascétisme.

L'affectivité des Béliers n'est pas constante et le sujet va compenser cette carence par une ardeur accrue des marques extérieures de la passion amoureuse.

Mars et les combats

Avec une révolution zodiacale de deux ans, Mars peut être qualifiée de planète rapide. Son influence est donc précise, forte, brève, mais définitive lorsqu'elle est dans le ciel de naissance.

Selon certains auteurs, on peut définir l'influence de Mars comme une prise de conscience de soi, un désir de s'affirmer en tant qu'être distinct et individu unique. D'où, surtout chez l'enfant, une forte agressivité.

La planète Mars représente assez bien le caractère du dieu de la Guerre de l'Antiquité gréco-latine. Elle exalte les forces agressives qui existent en tout homme. Ces forces sont assez nettement marquées chez le natif du Bélier par la nature même du signe. Elles sont la conséquence du fait qu'il naît dans la période d'un renouvellement, élan nécessitant la concentration des énergies en vue de la lutte pour la vie. Le mouvement de la germination, à lui seul, demande à la faible plante un terrible effort et une lutte permanente pour s'ouvrir un passage vers la lumière.

Quand Mars se trouve dans le ciel de naissance d'un Bélier, il accentue ses forces, les matérialise, les rend plus violentes, d'un effet plus intense et plus bref, plus soudain et plus concentré.

S'il s'agit d'une personnalité introvertie, c'est-à-dire d'un être instinctivement tourné vers son for intérieur, ce supplément d'énergie le poussera dans le sens de l'action violente, mais interne : c'est en lui-même que se livreront de sombres combats dont il sortira épuisé et doutant de soi, contrairement à l'attitude générale des natifs de ce signe.

S'il s'agit d'une personnalité extravertie, l'influence de Mars va se traduire par la violence envers les autres, envers les organisations, envers les événements. Le sujet sera tenté par l'aventure, qu'elle soit classique, comme celle des grands explorateurs et des conquérants, ou qu'elle soit atténuée et revête une forme plus originale, comme chez les gens d'affaires, les inventeurs, les grands constructeurs et aussi les champions sportifs. Cette aventure tendra vers la démesure et, si rien ne le retient, le sujet risquera fort de se voir entraîné plus loin qu'il ne l'aurait voulu.

Ainsi agissent les différentes planètes sur les natifs du signe du Bélier et, dès que vous pouvez déterminer leurs positions respectives dans votre ciel de naissance, vous pouvez interpréter leurs actions et réactions et en tirer, envers vous-même, d'utiles conclusions, tendant à vous éviter les accidents, les mauvais coups du sort et à favoriser votre épanouissement.

Mosaïque aux béliers. Syrie, Ve siècle (musée du Louvre).

Catalogue des étoiles, *de Abd al-Rahman al-Sufi. Manuscrit arabe du XVe siècle.*

Deuxième partie

Le mois d'avril. Calendrier des bergers, *XVe siècle.*

Chapitre I
Portrait des natifs du Bélier

« Tous ceux qui sont morts
à la bataille de Cannes
avaient-ils le même horoscope ? »
CICÉRON.

Un premier schéma

Le grand astrologue Ely Star a écrit sur la personnalité des natifs du Bélier les lignes suivantes :

« La constellation du Bélier confère aux personnes nées durant cette période un caractère simple, non maniéré, docile, apte au commandement, entreprenant et hardi; une âme élevée, charitable; un cœur généreux qui – cela va sans dire – fera des ingrats, une volonté ferme, un esprit supérieur, pétillant, vif, viril, courageux mais prudent, souvent religieux, parfois artiste, ingénieux toujours, entendu en affaires et militant, avec une tendance à l'éclectisme. La volonté, quoique ferme, peut changer souvent l'objet, de projet » (*Les Mystères de l'horoscope*).

Voilà un portrait qui, pour sembler exact, n'en est pas moins encore assez imprécis, trop imprécis pour notre propos, du moins.

Je vais donc essayer de dépeindre, avec un maximum de détails, les Bélier.

Songez toujours, en premier lieu, au fait que le Bélier est un signe de Feu et qu'il est sous l'influence de la planète Mars.

Comme si cela tenait au fait qu'il est toujours placé le premier dans les listes des signes du Zodiaque, le Bélier possède un caractère simple et facile à décrire. On le considère parfois comme enfantin et tout d'une pièce, comme s'il ne connaissait ni les raffinements, ni les complications. Il est vrai que le natif du Bélier se donne totalement à toute impulsion intérieure. Si, chez lui, le rêve tend à se confondre avec la réalité, reconnaissons qu'entre le désir et l'action il ne s'écoule pour ainsi dire pas de temps : c'est presque un élan de spontanéité parfaite, intégrale.

Conçu au temps de la germination obscure, silencieuse et puissante, le Bélier naît dans le jaillissement d'une sève qui perce la dure croûte d'un sol parfois encore gelé par l'hiver à peine achevé.

Hors des sentiers tortueux

Le Bélier ignore les complications et les voies tortueuses qui conduisent tant de gens vers un but qu'ils dissimulent soigneusement. C'est avec franchise et spontanéité qu'il agit. Ses impératifs sont sa générosité et son caprice.

Il rayonne de cette personnalité, à travers des manières charmantes et par une grande force mentale, une influence aiguë, énergique, intrépide et courageuse; une influence qui, sans crainte ni timidité, sans ostentation non plus, se révèle libre envers chacun et envers chaque chose.

Le Bélier vit orienté vers l'avenir; il se soucie peu du passé et ne se souvient, à peine d'ailleurs, que du passé très récent. Malgré cette familiarité avec l'avenir, il n'est pas capable d'évaluer les difficultés qui l'attendent; pour lui, possible et impossible se confondent et le futur est devenu présent dès qu'il y a pensé.

En cas de malaise, de problème et d'insécurité, le Bélier ressentira très fortement ses ennuis. Trop, sans doute. Et cette angoisse lui masquera des dangers plus proches et plus certains. Cependant, profondément, le futur est toujours paré, pour lui, d'un prestige merveilleux.

Nous nous trouvons ici devant une catégorie de personnalités que les spécialistes de l'étude du caractère, les caractérologues, appellent « primarité ». Cela veut dire qu'il y a chez le Bélier une grande simplicité aux réactions devant les faits, les événements, ainsi que dans les rapports avec l'entourage. On dit que les natifs du Bélier ont un caractère « primaire ».

Le natif du Bélier voit la vie au présent : pour lui, ce qui compte, c'est ce qui est en train de se passer. Ce qui importe, c'est aujourd'hui. Demain sera un autre jour. Demain, d'autres événements surviendront et c'est alors seulement qu'il sera utile de les prendre en considération. Le présent a donc le maximum d'importance. Ce qui occupe la pensée du Bélier devient pour lui tellement important qu'il ne pense qu'à cela sur l'instant. Il n'appréhende pas le lendemain, et ne cherche pas à retenir la veille.

On assiste, avec le Bélier, en raison de cette simplicité de caractère et de cette « primarité », à des élans, des engouements, des passions, des recrudescences d'intérêt pour les faits du moment. Et comme c'est un personnage qui mobilise toutes ses forces au service de l'impression présente, il est très impulsif, il cède vivement, et sans peser le pour et le contre, à son premier mouvement. Demain, il cédera à une autre impression; d'où sa versatilité. Et comme c'est aussi un être qui « fonce », qui plonge la tête la première sur l'obstacle, il lui arrive de se meurtrir. Il lui arrive même d'être injuste, mais il ne l'est jamais délibérément ni volontairement; c'est parce qu'il est influencé par le moment présent, et ce moment ne contient pas toujours les éléments nécessaires à l'équité. A cause de cette influence spontanée du présent, le Bélier est versatile. Il n'est ni infidèle, ni indécis; il ne s'agit pas de cette sorte de versatilité; c'est plutôt chez lui une variation provoquée par un changement dans les circonstances du jour; c'est toujours sa soumission innée au présent.

Il appartient typiquement aux êtres dont on dit qu'ils sont constants dans l'inconstance. Ce qu'il pensait hier ne présente plus aujourd'hui aucun intérêt; ce qu'il pense aujourd'hui, il ne le savait même pas hier et, demain, il l'aura oublié. Il ne peut se défaire de cette instabilité que dans le cas de circonstances durables, permanentes, où ne se produit, à ses yeux, aucune modification de l'ambiance, des tendances, du milieu. Il peut donc parfaitement être fidèle à un partenaire, à un conjoint, si le partenaire, le conjoint est lui-même constant.

Simplicité et logique

Au premier abord, le natif du Bélier paraît plus crédule que sceptique. Livré comme il l'est à l'influence de l'instant, il ne cherche pas à déchiffrer la vérité, le sens caché, les origines de ce qui lui est dit; il n'en suppute pas les rebondissements ultérieurs. Il vit au présent : on lui dit telle et telle chose, il le croit. Mais cette crédulité n'est pas de la naïveté. C'est une crédulité naturelle et simple qui ne conçoit pas le fait de douter ni la nécessité de vérifier. Il ne dira pourtant pas : cela est vrai; mais plutôt : c'est vrai qu'on m'a dit cela. Ce raisonnement s'accompagne d'une parfaite insouciance, qui est bien dans sa nature.

Insouciance, simplicité, crédulité apportent souvent une saine gaieté. Mais, souvent, ces attitudes entraînent d'éminentes qualités telles que, à côté de la vivacité superficielle, un véritable courage, une bravoure certaine, car, sur l'instant, le Bélier ne suppute ni l'importance, ni les conséquences du danger auquel il s'expose impétueusement. Pour la même raison qu'il peut être injuste, le Bélier est bon et généreux; ces traits ne s'excluent pas.

Le côté gai de ce caractère peut, dans certains cas, aller jusqu'à la frivolité ou à l'étourderie. Dans d'autres cas, sous l'influence des circonstances et du milieu, le caractère « primaire » du Bélier l'entraîne vers la témérité, l'exaltation et l'enthousiasme.

On discerne tout de suite les différentes voies que peut prendre le développement du caractère des natifs du signe du Bélier. Dans certains cas ceux-ci peuvent aussi faire preuve d'une passion violente, ou d'une ferveur impérieuse. Si la passion s'en mêle, on criera au héros. S'il échoue, on aura un martyr.

Toutes les impressions que reçoit un natif du Bélier produisent instantanément leur maximum d'effet.

Cette réaction immédiate et totale épuise la force d'impact du fait abordé et le résultat ne se fait pas attendre : le lendemain, toute la surprise de la veille est effacée; comme s'il s'agissait d'un feu de paille...

L'impulsivité prime tout

Le natif du Bélier est donc par essence même un impulsif, capable de changer du jour au lendemain de sentiment, de déplacer ses sympathies, d'être intéressé passionnément par de nouvelles rencontres et d'oublier les précédentes, etc.

Ses peines ne sont pas de longue durée; il se prend vite d'affection, il peut rompre une liaison en une minute et s'en consoler en vingt-quatre heures. Aussi vite, d'ailleurs, peut-il se réconcilier. On ne s'ennuie pas en compagnie d'un Bélier : les changements y créent de continuels rebondissements.

Aussi grande que soit la facilité de le convaincre lundi, aussi grande sera la surprise qu'il réservera mercredi en changeant radicalement d'avis. Ce qui lui plaît, c'est d'obtenir un résultat immédiat; il n'est d'ailleurs pas doué pour les opérations à très long terme. Dans une carrière, dans le choix d'une voie d'études, de formation, il examinera d'abord si ce qu'il y a lieu de faire lui plaît, mais jamais quelle en

sera la portée ultérieure; il est l'opposé de l'individu qui renâcle à son travail. Si le Bélier aspire au confort, c'est tout de suite qu'il le veut. Pour lui, demain n'existe même pas.

Aussi est-il un être indiscipliné, un peu en marge de la société dans laquelle il vit.

Conseils aux Bélier

Bélier, vous êtes un émotif. La vivacité de votre caractère risque toujours de vous entraîner dans de grandes colères pour des litiges qui, en réalité, n'en valaient pas la peine et pouvaient se résoudre avec un peu de réflextion. Avoir un tempérament énergique et vif est une chose, une bonne chose d'ailleurs; mais se laisser gouverner à ce point par son tempérament en est une autre, beaucoup moins bonne. Dès l'instant où vous serez vraiment conscient de ce fait, vous cesserez de vous laisser emporter par la colère.

Il faut que vous sachiez que votre agressivité est à la base de votre caractère. La plus grande partie de vos contrariétés, de vos ennuis, de votre « malchance » découle directement de votre incapacité à refréner votre impatience. Vous devez absolument devenir patient avec les autres, avec les faits, même s'ils sont têtus, et surtout avec vous-même.

Vous vous jetez sur une idée et puis vous la tenez pour bonne sans même accepter d'en discuter. Cela n'est pas seulement de l'indépendance d'esprit; c'est aussi de l'intolérance. De temps à autre, admettez que vous n'êtes pas le seul à raisonner avec logique et que vous n'êtes pas forcément toujours le mieux informé. Vous avez une foi déraisonnable dans un certain nombre d'idées préconçues. Acceptez de modérer vos affirmations et, éventuellement, de réviser sans éclat votre jugement.

Une de vos plus grandes qualités, Bélier, reste la

Charles Baudelaire.

capacité de saisir les théories d'un interlocuteur avant même qu'il n'en ait achevé l'exposé. Songez toujours que cette rapidité de votre intelligence risque de vous entraîner à négliger certains détails dont la méconnaissance peut fausser votre opinion. Comprendre vite ne doit jamais dispenser de comprendre complètement.

Vous avez le geste aussi vif que la pensée. Mais vous ne réussissez que ce qui ne demande que peu de temps; très vite, autre chose vous attire et vous séduit. Un effort vers la patience, vers la constance, vers la persévérance sera pour vous grandement payant, en contrebalançant votre habituelle précipitation.

Par ailleurs, il semble que la mémoire, faculté si nécessaire, vous fasse quelque peu défaut. Vous ne vous souvenez que de ce qui vous surprend, vous passionne, vous étonne, vous séduit. Vous devriez faire les efforts les plus sérieux pour acquérir une mémoire plus solide et moins sélective.

Le Bélier est intuitif et inspiré

L'intuition est grande chez tous les Béliers et davantage encore chez ceux qui ont la Lune bien placée dans leur ciel de naissance. C'est votre intuition, Bélier, qui, en pleine action violente, vous évitera le geste fatal; c'est elle qui, à votre insu, guidera vos impulsions, toujours prête à vous éviter l'éventuel écueil comme un véritable ange gardien.

A cette précieuse intuition salvatrice s'ajoute l'inspiration. Cette inspiration est une force vive, rapide, puissante, nette, claire, efficace, qui ressemble souvent à l'impulsion. C'est un don des fées, un élément parfaitement capable de contrebalancer votre tendance très nette à une impétuosité brouillonne, parfois brutale, qui pourrait s'avérer très dangereuse.

Il est nécessaire que vous restiez toujours assuré de pouvoir – pour peu que vous y pensiez – canaliser vos énergies et garder le contrôle de vos dons qui sont l'activité et la rapidité.

L'influence sur le visage

Il est souvent admis que les traits du visage, la morphologie, l'allure générale, c'est-à-dire le type physique de la personne, soient caractéristiques d'un signe zodiacal et qu'ils soient communs à tous les natifs de ce signe. Les divers signes marquent plus ou moins leurs natifs.

Le caractère des natifs du signe du Bélier est d'une telle force et d'une telle originalité qu'il ne pouvait manquer de créer un type morphologique du Bélier. Cette observation n'est pas le produit de l'imagination délirante de quelques astrologues; c'est simplement la conséquence de l'influence inévitable du caractère sur les traits et le comportement.

Lorsqu'on médite sur les noms de chacun des signes du Zodiaque et que l'on en cherche l'origine, on constate que le symbole choisi est étroitement en rapport avec le caractère dominant des natifs du signe. C'est donc, disent certains auteurs, en raison du caractère des natifs de telle ou telle époque de l'année que l'on a choisi le symbole et que l'on a donné un nom au signe correspondant.

Je viens de vous exposer de mon mieux les traits du caractère des natifs du Bélier.

Ce caractère n'est pas sans rapport avec l'animal lui-même. Ou du moins avec ce que nous croyons déchiffrer du caractère de cet animal. Ce caractère, lorsqu'il est très accentué, s'imprime sur les traits et sur l'aspect physique. Quel est donc le type physique du natif du Bélier ?

On lui reconnaît, dans la majorité des cas, une tête forte, massive, proéminente. Les traits sont rarement d'une grande finesse, mais plutôt teintés d'une force tranquille qui semble dissimuler des élans subits et imprévus, des flammes et des orages. La ligne du profil est convexe.

Dans le visage du natif du Bélier, la partie la plus importante est la partie médiane, au niveau du nez. Celui-ci est grand, avec parfois une arête osseuse; il est souvent busqué. Il va de soi que, chez les femmes, l'ensemble a davantage de délicatesse, mais on retrouve généralement le nez légèrement busqué. La base des narines remonte légèrement, ébauchant un imperceptible rictus tendant à remonter la lèvre supérieure. Les lèvres avancent légèrement avec un ourlet nettement marqué. La base du front avance souvent aussi, avec des sourcils relativement importants. Au contraire, le haut du front est légèrement renversé et le menton peu accentué.

On note en général une ligne des sourcils remontant vers les tempes. Cette position est due à une contraction légère et permanente du muscle frontal externe. Or cette contraction, dans les jeux de physionomie classiques, est exactement le mouvement qui exprime la sensibilité, la surprise, l'imprévu, une sorte d'acceptation joyeuse de l'inattendu, une réaction rapide à l'instant présent.

La ligne générale du Bélier

Avec son nez au vent flairant ce qui pourrait survenir de plaisant, le Bélier marche d'un pas vif et plutôt heurté, toujours comme s'il était pressé. Un Bélier ne sait pas réellement flâner. Il va droit devant lui, comme s'il devait se frayer un chemin à travers les obstacles, sûr de les vaincre et sûr d'être suivi. Car il se déplace souvent comme un guide.

Dans cet élan que rien ne semble devoir arrêter, le Bélier, s'il vous rencontre, vous donnera une poignée de main ferme et presque trop énergique. Si vous portez une bague à la main droite... attention, il va vous l'imprimer dans la chair !

Dès qu'il vous parle, vous êtes surpris de l'entendre s'exprimer avec force et vivacité, d'une voix ferme, généralement bien timbrée, et dans une élocution rapide, sûre, d'un ton décisif, convaincant, même impératif; cette intonation peut aussi se faire accusatrice mais rarement persuasive, insinuante, soupçonneuse; non : il « fonce » droit devant, que ce soit en paroles, dans sa démarche ou dans ses actions.

Sa nuque forte et large soutient sa tête bien droite et il plante résolument ses yeux dans les vôtres. C'est un être rude, nerveux, mais d'une nervosité énergique, ni fiévreuse ni angoissée. Il aime développer sa force, mais il émane aussi de sa personne un charme indéniable.

Il a une passion pour la vitesse. Au volant d'une voiture, il est celui qui « double » tout le monde avec la sérénité des forts, la certitude des indomptables et jamais la frénésie des complexés.

Ne le regardez pas trop dans les embouteillages et les inévitables « bouchons » : il y est impatient et ne peut pas les supporter. C'est un être qui conduit sa voiture avec violence et sécheresse, comme il conduit sa vie.

Miniature du Livre des Merveilles, *de Marco Polo, XVe siècle.*

La Lune et le Soleil. La Toison d'or, *par Salomon Trismosin, XVIIIe siècle.*

Chapitre II

Le destin des natifs du Bélier

« Songez à tout ce à quoi vous n'avez
jamais songé dans le domaine
des choses même auxquelles
vous avez le plus réfléchi. »
PAUL VALÉRY.

Une certaine similitude

Il n'est pas question d'affirmer ici que tous les natifs du même signe ont un destin semblable, mais on constate des *tendances* semblables.

Cela entre dans la logique normale d'une vie humaine. Quand on a un caractère semblable, un physique classé dans la même catégorie, il suffit de peu d'éléments pour que le destin de l'un rappelle celui de l'autre. Dans le cas d'une personnalité aussi typée que celle des natifs du Bélier, les chances sont encore plus grandes d'une similitude de destinée.

Naturellement, l'environnement va jouer un rôle important : grandissant, vivant leur existence d'adultes dans des milieux très différents, sous des climats différents, deux individus de même signe n'aboutiront pas aux mêmes résultats à la fin de leur vie; et il y aura quelque chance pour qu'ils aient connu des expériences différentes. Mais, si des circonstances différentes provoquent fatalement des réactions différentes, en revanche des influences similaires seront reçues de la même façon. Par exemple, placés dans deux écoles où l'enseignement est basé principalement sur une discipline rigoureuse, deux natifs du Bélier, ne vivant pas à la même époque, n'habitant pas dans des pays voisins, auront les mêmes réactions devant la règle sévère qui leur est imposée. C'est dans cette mesure qu'on peut chercher les traits marquants de la destinée type des natifs du Bélier.

L'intérêt de cette recherche apparaît immédiatement : tout comme pour le caractère, la personnalité, les tendances de la destinée sont utiles à connaître lorsqu'il faut prendre une décision où se jouera l'avenir du sujet. Au moment de choisir une méthode d'éducation pour l'enfant, de l'orienter sur le plan professionnel, de le lancer dans une carrière, de telles informations devront guider utilement le choix.

La santé

Considérons d'abord les éléments essentiels pouvant guider le natif du Bélier dans les choix successifs qui vont se présenter au cours de son existence. La santé fait partie de ces éléments.

Un être qui se manifeste comme devant avoir une santé fragile, avec peu de force physique, mou dans ses réactions, ne devra pas choisir la même carrière, le même mode de vie que celui qui est né robuste, qui appartient au monde des forts, des musclés, ni que cet autre qui est un nerveux, agité, fébrile et passionné.

Les Béliers naissent généralement avec une forte constitution, mais ont une fâcheuse tendance à se surmener. Ils doivent donc rechercher le grand air, la lumière, le soleil, un certain confort et savoir, quand il le faut, se reposer.

Un natif du Bélier qui serait parfaitement typé, nettement caractérisé, appartiendrait à la catégorie des « bilieux ». La plupart font partie de cette catégorie. L'élément principal de leur personnalité physique est la force musculaire, la force dans le mouvement.

Qu'est-ce qui caractérise les « bilieux » ?

Voici un portrait type du natif du Bélier sur lequel, pour chaque cas, viennent se greffer des différences qui en modifient l'apparence superficielle.

Le Bélier a une grande vitalité. Il n'est jamais las car, dans toutes les circonstances, il récupère rapidement ses forces, son dynamisme. Ce dynamisme est un des ses traits essentiels. On peut le lui envier quand on ne le possède pas, car c'est une des qualités les plus précieuses. C'est ce dynamisme qui lui garde constamment des forces en réserve pour accueillir toujours avec la même ardeur ce que chaque matin lui apporte.

Le Bélier est toujours plein d'entrain; rien ne le rebute. Il ne s'effondre pas dramatiquement devant l'échec. Il est en mesure d'opposer une grande résistance à la fatigue. Ces éléments lui donnent une humeur gaie, tandis que sa force physique, jointe à la rapidité de ses réactions, apporte dans son allure une certaine grâce primesautière.

C'est un être qui, physiquement, vit avec intensité. Cela parce qu'il a une excellente musculature et que les échanges, la combustion se font avec un grand développement d'énergie. Il utilise les éléments nutritifs qu'il absorbe en mouvements et non en augmentation de poids.

Lorsqu'il se sent agité, qu'il ne peut dormir, qu'il n'arrive pas à résoudre ses problèmes et que leur gravité tend à l'obséder, le natif du Bélier fait de l'exercice; il est de ceux auxquels une bonne marche après le repas apporte pour la nuit un sommeil réparateur. Il applique, d'instinct, la meilleure des règles.

Cette intensité de vie a aussi des conséquences négatives car, on le dit toujours, toute médaille a son revers, et chaque trait d'une personnalité possède un aspect positif et un aspect négatif. Le robuste Bélier est facilement fiévreux. Au moindre malaise, lors d'une fatigue excessive, il voit monter sa température. Chez lui, une température élevée, une fièvre même assez forte ne doivent pas être des motifs de grande inquiétude; il faut qu'il le sache : c'est sa manière personnelle de se défendre contre la maladie. Et sur ce chapitre, on a remarqué qu'il avait plutôt tendance aux crises aiguës qu'aux maladies chroniques.

Bien qu'il soit en général résistant et de bonne santé, on doit se souvenir que ses points faibles sont la tête, les yeux, les oreilles, les sinus, les dents et aussi les lobes du cerveau. L'une des maladies dont le Bélier doit le plus se méfier est le simple coryza, ou rhume de cerveau car, chez lui, cette modeste infection peut prendre de sérieuses proportions et s'étendre aux sinus, à la gorge et aux oreilles. Il doit également veiller sur ses yeux et sur sa denture.

Mais le Bélier est rarement malade; il risque davantage d'être victime d'accidents brutaux, à cause de son courage naturel qui frise l'imprudence. Ses maladies même se manifestent avec la soudaineté des accidents : il ne les « couve », pas, elles éclatent.

Il n'est pas douillet et, dans toutes les circonstances, il reste un être qui « encaisse » bien. Il ne se plaint pas et n'aime pas, d'ailleurs, savoir les autres malades, moins encore les entendre se plaindre.

Dans l'usage qu'il fait de la force et du dynamisme qui lui sont donnés, il y a une grande part d'insouciance, d'imprudence, de désordre, d'impulsivité. Ne sachant pas être mesurés, les natifs du Bélier vont trop vite et beaucoup d'entre eux n'atteignent pas la vieillesse longue et sereine que leur autoriserait leur constitution parce qu'ils vont toujours un peu au-delà de la limite de leurs réserves.

Leurs forces sont grandes, mais, tout comme sur le plan psychologique, ils ne savent pas persévérer : un effort trop long et trop constant ne leur convient pas et use leur organisme trop tôt et trop profondément. Ils ne savent pas se « ménager ».

Voilà donc ce que peut être, sur le plan de la santé, le destin d'un Bélier. On voit que tout cela est utile à connaître car, le sachant, et possédant un peu de volonté, le Bélier peut s'en défendre et veiller à tirer le meilleur parti, un parti du reste excellent, de ce que la Nature a bien voulu lui accorder.

Le choix d'une carrière

S'il est un acte qui joue un grand rôle dans la vie des gens, c'est bien le choix d'une carrière. La majorité des gens accordent à cet instant de leur vie une importance primordiale. On devrait pourtant savoir qu'il est toujours possible d'en changer si l'on a assez de volonté pour renoncer à de menus avantages. Quels sont les éléments qui entrent dans ce choix, décisif pour la plupart des gens ?

Nous venons de passer en revue les éléments relatifs à la santé du Bélier. Il est évident que c'est à la famille du « bébé Bélier » de se préoccuper de le guider dans ses premières années en vue de le préserver de lui-même. Il ne sait pas qu'il est imprudent et « casse-cou », il faut qu'on le lui dise. Sans le rendre timoré, il est toujours nécessaire de l'informer des désagréments de l'accident. On ne réussira pas toujours à les lui faire éviter, mais il faut tenter d'y parvenir.

En vue de l'orienter, on peut tenter l'expérience de la graphologie. Son écriture sera-t-elle révélatrice de ses possibilités futures ? Le pronostic est délicat à cette période de la vie, car l'écriture du Bélier n'a pas encore atteint sa forme définitive et typique.

Outre la tonalité générale, le mouvement de l'écriture du Bélier adulte révèle sa nature dynamique. On rencontre chez ces natifs des signatures fougueuses, des lignes nettement ascendantes, deux signes de force et d'optimisme. Influencé par Mars, le belliqueux Bélier égratigne le papier. Cependant, chez un être tourmenté, la fougue peut devenir nervosité, impétuosité, irascibilité, agitation fiévreuse ou, au contraire, cette fougue peut se muer en puissance agressive tandis que l'impétuosité se mue en esprit autoritaire et tyrannique.

Le Bélier est signe de Feu et le natif doit à ce fait sa grande mobilité. Celle-ci se traduit dans son écriture par l'inclinaison des lettres vers la droite et le mouvement ascendant des lignes. On rencontre parfois une sinuosité du tracé qui peut être assimilée aux torsions capricieuses de la flamme; par-ci par-là s'égaillent de petits traits vifs, des irrégularités dans la pression de la plume sur le papier, ce qui traduit les mouvements animés d'une personne influençable à la seconde même; l'écriture est toujours dynamique avec, parfois, des séparations imprévues entre les lettres; chez les sujets particulièrement énergiques et volontaires, l'écriture est appuyée et les lettres très liées.

On rencontre des écritures excessivement penchées et, en même temps, très anguleuses : elles révèlent une passion pouvant atteindre le fanatisme. Ajoutons que des éléments fantaisistes et lyriques peuvent orner d'une façon outrancière certaines écritures de Béliers.

C'est un caractère très extériorisé, très clairement exprimé, sans aucun mystère, qui se livre sans crainte dans l'écriture où sa fantaisie se traduit souvent par une distribution variée autant que surprenante des points et des accents qui, ainsi que les barres des *t*, semblent voleter gaiement dans une parfaite insouciance...

Face à la vie sociale

Le choix d'une carrière doit tenir compte de l'attitude générale du sujet envers son entourage et aussi envers les gens qu'il pourrait être appelé, plus tard, à rencontrer, à commander, ou auxquels il faudra qu'il obéisse.

Pour ne pas commettre d'erreur dans les premières démarches, on doit garder présent à l'esprit le sens profond de ce signe : c'est le premier signe du Zodiaque; l'année recommence; le Bélier est un commencement.

Il est une source, une origine, une tête de chapitre. D'où son excitabilité, sa force qui ne cherche qu'à se libérer, un amour parfois excessif de la vitesse et souvent, en défaut majeur, une précipitation qui pourrait être brouillonne.

Le Bélier tend à considérer tout d'un œil neuf; il est à l'opposé du blasé; il peut devenir romantique dans des élans passionnels mais il ne sera jamais un morbide. Seule la vie pourrait changer en lui ces élans optimistes à force d'épreuves accumulées.

Il adore sauter à pieds joints dans l'inconnu, et ce qui le surprend commence par lui plaire.

Il est intégralement axé sur la nouveauté, l'inédit, la création, les initiatives. Il attend l'auréole future, il espère devenir le héros inattendu.

La vie quotidienne, cependant, réserve peu de ces rôles sublimes et surprenants. Il faudra bien que le Bélier s'oriente vers une carrière qui puisse encore réserver quelques découvertes, quelques « premières mondiales », s'il veut se réaliser pleinement...

L'intelligence

Il n'existe pas de signes particulièrement « intelligents ».

Il existe surtout, selon les signes, un style différent dans l'utilisation de l'intelligence.

Que fait de la sienne un Bélier ?

Question intéressante. Pour y répondre, en même temps que l'observation, il y a le raisonnement logique. Tout pousse le Bélier à se distinguer, poussé par un caractère de novateur et d'inventeur.

Quoi qu'il fasse, le Bélier souhaite être le premier, principalement le premier dans le temps. Il veut arriver avant les autres. Il veut créer et, comme il ne reste pas grand-chose à créer, il veut réformer, ce qui pour lui sera recréer. Et puis il veut être, en tout, excellent, c'est-à-dire le premier encore, en qualité, cette fois. Il le veut quand il y pense; le défaut, c'est qu'il n'y pense pas avec constance.

Un Bélier peut devenir une personnalité politique parce que, en fait d'opinion, il se tiendra toujours en avant des autres, prônera toujours les réformes et réalisera des innovations importantes et appréciées. Ce sont les partis les plus extrêmes qui auront d'abord sa faveur. Il n'est pas, instinctivement, l'homme des atermoiements ni des demi-mesures, au moins tant que l'expérience ne lui aura pas donné quelques coups sur les doigts. Pas de concessions chez lui; des décisions radicales.

Sa versatilité, pourtant, lui fait courir des risques. Une politique envisagée d'un point de vue très général et impartial lui conviendrait mieux qu'une politique « de clocher » et « d'intérêts locaux ». Car, ainsi, il risque moins de se laisser aller à ses impulsions; il est des cas où il se verra forcé de tenir compte de la durée nécessaire à l'obtention des résultats attendus.

Il sera de préférence celui qui suscite, qui suggère des innovations, qui décèle les génies, qui présente les créateurs du futur; il peut être un découvreur de talents, un lanceur d'idées, un prospecteur, il semble avoir des chances dans le métier d'imprésario, de manager et d'inventeur. En littérature, il dirigera des courants d'idées, et fondera des écoles. En philosophie, il recherchera le paradoxe et la thèse qui étonne le grand public.

Dès le moment où l'on choisit sa carrière, il doit avoir appris à admettre que ni la constance ni la patience ne sont dans son caractère et qu'il n'est pas fait pour attendre, derrière son bureau d'employé zélé et ponctuel, un avancement à l'ancienneté et une retraite automatiquement constituée. Dans de telles conditions, il restera insatisfait, mélancolique, et son caractère s'en trouvera affecté.

C'est un intuitif, aussi a-t-il beaucoup de flair. Dès

Le Maréchal Lannes, *par Perrin*.

qu'il perçoit qu'un champ d'action n'offre plus rien de nouveau ni d'inédit, il l'abandonne et l'oublie totalement. Il s'en va d'ailleurs : là où il a quelque chance de faire du neuf.

On reconnaît au natif du Bélier un caractère franc, sans dissimulation ni obscurités, docile et en même temps apte au commandement : généreux et charitable, une volonté ferme, un esprit pétillant, viril, brave, ne craignant pas les conséquences de ses actes et ne se souciant pas de la reconnaissance de ceux qu'il oblige, oublieux qu'il est du passé.

On admet généralement que les natifs de ce signe de sexe masculin font d'excellents militaires.

Lorsqu'il s'agit d'une femme, elle aura une forte tendance à faire une carrière personnelle plutôt qu'à demeurer la « femme au foyer ». Si elle adopte, généralement par force, cette seconde solution, elle trouvera toujours des débouchés à ses initiatives par l'intermédiaire des associations d'intérêts divers : parents d'élèves, intérêts de quartier, clubs philosophiques ou politiques, etc.

Lorsque le destin impose par la naissance un niveau social modeste, il est rare que le natif du Bélier s'y maintienne. Il est impatient d'accéder à une classe où il puisse avoir une influence sur ses contemporains. S'il est artisan, il inventera des procédés nouveaux dans son métier; s'il est employé de bureau, il changera souvent de poste, dans son impatience de trouver celui qui proposera des débouchés nouveaux exigeant de l'initiative ou conférant de l'autorité.

S'il n'y parvient pas sur le plan professionnel, il se libèrera par une participation active à des mouvements sociaux ou politiques.

Ce qu'il faut éviter

Le Bélier doit garder présente à l'esprit cette

disposition à l'impulsivité, à l'impatience, avec même une tendance à la violence. Il doit y penser et y veiller.

Il est nécessaire qu'il demeure conscient de ce trait et qu'il évite de se soumettre, à force de volonté, à une discipline trop monotone et sans espoir : il y usera trop de force.

Par exemple, il faut éviter de choisir un emploi modeste et régulier avec la ferme intention de se dominer pour s'y maintenir et de faire du zèle. C'est une vision d'avenir absolument irréalisable ou à trop grand prix. Des incidents jalonneront comme par hasard cette carrière. Un natif du Bélier, homme ou femme, attire involontairement de tels incidents.

Il est bien préférable de se tourner vers des occupations matérielles concrètes, pratiques, qui apportent des résultats immédiats; les tâches de longue haleine ne sont pas pour les Béliers.

Sur le plan de la santé, le Bélier devra se souvenir de ceci : il est doté généralement d'une bonne constitution, mais sa vivacité risque de l'entraîner à des imprudences, à des excès et aussi à des accidents. Que l'automobiliste se méfie de son goût de la vitesse et de sa tendance à la colère, en cas de discussion. La contravention sera le moindre des inconvénients de cette disposition, et les pugilats pourraient bien survenir après quelques mots un peu vifs entre excités du volant.

Au cours de sa carrière professionnelle, la réussite attend de bonne heure les natifs du Bélier. Mais leur goût du changement risque de les inciter à abandonner leur tâche dès qu'elle commence à porter ses fruits, ce qui fait que, lorsque le moment sera venu de récolter ce qu'ils auront semé et cultivé avec soin et compétence, ils seront loin, occupés ailleurs, à recommencer autre chose. Ils s'usent tout le long de leur vie à courir d'une tâche nouvelle à une autre tâche encore plus nouvelle.

Ils acceptent le changement et la chute et, parfois, ils sont tout heureux de recommencer leur vie. Il serait préférable de mettre plus d'ordre et de méthode dans une carrière.

Doués pour devenir des « self-made men », ils retombent souvent, en définitive, au niveau de leurs débuts; ils admettront plusieurs fois de recommencer, mais un jour ils ne pourront plus...

Ce qu'il faut réaliser

Il est excellent de bien se connaître, et les natifs du Bélier seront bien inspirés en s'analysant quelque peu en vue de considérer, après avoir lu ces lignes, où se situer et comment se classer dans la multiplicité des variantes des personnes nées sous ce signe.

L'impatience, l'inconstance, la violence sont les défauts contre lesquels le Bélier devra lutter toujours parce qu'ils sont innés en lui et que, par conséquent, ils vont exiger de lui une surveillance de tous les instants.

Pour réaliser une bonne carrière et pour se préparer une existence se déroulant dans les conditions les plus satisfaisantes, le natif du Bélier doit, dès qu'il a bien assimilé les caractéristiques de son signe qu'il a reconnues en lui, dresser un inventaire de ses dispositions et de ses tendances. Il fera cette liste concrètement, par écrit.

En face de chacun des traits de son caractère qu'il reconnaîtra honnêtement et face à lui seul, donc sans honte comme sans vanité, il notera s'il s'agit d'un élément favorable ou d'un élément nuisible.

Sont des éléments favorables les tendances qui facilitent les rapports avec autrui, les efforts en vue de réaliser pleinement sa vie, les acquisitions intellectuelles et matérielles, enfin les possibilités de réussite non seulement sur le plan professionnel, mais aussi sur le plan affectif et sentimental. Car ce qu'il faut rechercher pour faire œuvre utile envers soi-même,

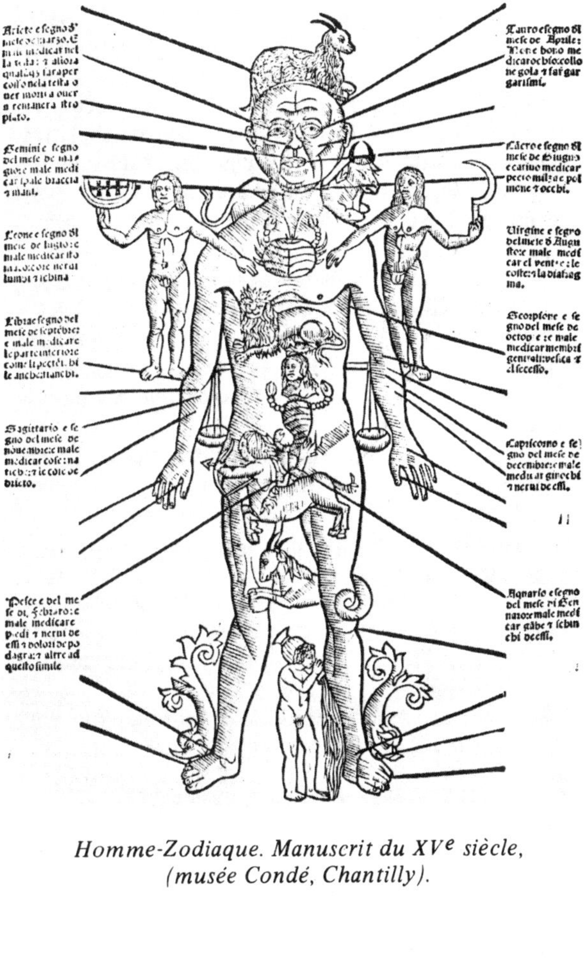

Homme-Zodiaque. Manuscrit du XVe siècle, (musée Condé, Chantilly).

c'est un juste équilibre de tous les éléments de bonheur terrestre.

Comment rectifier alors ce qui ne va pas ? Que faut-il éviter afin de ne pas subir de trop graves échecs ?

Nous savons, maintenant, que le natif du Bélier est un être au caractère droit, ne comportant que peu de méandres. Il est porté vers la nouveauté, il aime commencer, il n'aime pas poursuivre une tâche. Le premier effort doit donc consister à rectifier relativement cette tendance à l'impatience et ce désir perpétuel de changement; ne pas essayer de les supprimer, ce ne serait pas possible, mais apprendre la ténacité, voire l'entêtement, pour en tirer parti.

Il faut maintenant bien poser ce principe : les résultats d'un effort ne sont jamais immédiats. D'autre part, le temps, on le sait, ne respecte pas ce qui a été fait sans lui. Inscrivez, Béliers, cette règle en lettres d'or devant vos yeux, pour la lire chaque matin et la relire chaque soir.

S'il semble qu'il y ait un résultat rapide, ce qui arrive souvent dans les activités du Bélier, c'est qu'il ne s'agit que d'un palier provisoire et qu'il faut poursuivre l'effort dans le même sens, à la fois pour consolider l'acquis et pour aller plus loin. La stabilité de la réussite est à ce prix. Mais voilà l'écueil : le Bélier, par instinct, ne tient pas particulièrement à la stabilité. C'est chez lui un défaut à corriger. Il doit se pencher sur ce problème.

Quand vous semez une graine, il faut bien que vous attendiez le temps nécessaire à sa germination : vous n'allez pas fouiller le sol et tirer sur la tige pour la faire sortir plus vite. La nature n'est pas rapide à vos yeux, Béliers. Elle peut se révéler soudaine dans certaines manifestations, mais cela entre dans ses plans, et elle n'a aucune faiblesse ni complaisance.

Le second élément de son caractère dont le Bélier doit se méfier est la violence.

La violence résulte, chez lui, de son goût pour la précipitation, doublé de son insouciance du danger et de sa faculté d'oubli de l'événement passé. Il veut tout et tout de suite, et s'il rencontre un obstacle, il est incapable d'une lutte patiente; il ne veut ni contourner, ni user l'obstacle; il veut le briser. Là, il risque de se faire mal.

Béliers, il faut vous corriger de cette impatience irascible. Il faut vous défaire de cette tendance à la violence et aux décisions rapides et absolues. Mais pouvez-vous atteindre à la domination de vous-même ?

C'est une tâche difficile, une dure bataille, mais la seule qui ne fasse pas de victime et dont le vaincu reste en définitive le vainqueur. Il faut vous y astreindre, quelle que soit la méthode que vous choisissiez. Il le faut, si vous voulez éviter les conséquences regrettables de ce trait de votre personnalité. Par quel moyen pensez-vous y parvenir ?

Considérez d'abord l'élément affectif. Le Bélier ne manque pas de cœur et si son entourage lui apporte tendresse et affection, il voudra éviter d'être pour lui une cause de souffrance.

Il y a aussi l'élément social. Le Bélier se donne chaque jour de nouvelles tâches et poursuit sans cesse de nouveaux buts : qu'il consacre donc à chaque tâche nouvelle un peu plus de temps; qu'il trompe ainsi son impatience ou qu'il l'oriente, par exemple, vers les loisirs. Qu'il dépense son énergie dans des exercices physiques et dans des compétitions sportives où il saura gagner rapidement des lauriers mérités. Il acceptera peut-être alors la monotonie de la vie professionnelle et supportera mieux les délais nécessaires.

Une bonne méthode pour acquérir ténacité et patience est de se livrer aux travaux agricoles; si l'on ne peut adopter une profession dans cet ordre d'activité, qu'au moins on s'arrange pour faire du jardinage de loisir. Bêcher, semer, planter, arroser, surveiller, désinsectiser et, enfin, voir grandir et mûrir la récolte, que ce soit une race exceptionnelle de plante décorative, un rosier merveilleux ou un carré de laitues, la joie est la même. L'amateur se pliera vite, pour son propre plaisir, au rythme des saisons, comme le professionnel de l'agriculture.

Dans votre activité professionnelle, si le travail est, à vos yeux, monotone et ses résultats trop lents, tâchez de combler les temps libres en recherchant des améliorations parmi les menues activités de détail et secondaires qui font partie de votre fonction dans l'entreprise. Occupez tous les instants vides à dresser une planification de votre travail, à y ajouter de la logique, à le parfaire avec méthode, à le rendre de plus en plus commode et efficace. A vous amuser ainsi à des questions « de service et d'intendance », vous ne sentirez plus le temps passer. Et puis prenez l'habitude, même si cela va à l'encontre de vos goûts, qui sont de vivre au présent, de préparer chaque jour, par écrit, sur un agenda, la liste des travaux à accomplir pour le lendemain. A l'instant de prendre votre poste, chaque jour ouvrable, considérez vos tâches inscrites sur l'agenda et sériez-les par ordre d'urgence. Ces menues décisions vous amuseront et le temps sera à la fois bien employé et plus facilement supporté. Vous qui êtes fondamentalement gai, vous vous amuserez à ce travail.

Enfin, au moment de commencer un travail donné, prenez le temps de le préparer. N'arrivez pas devant une table les bras chargés de dossiers avant de l'avoir débarrassée de tout ce qui l'encombre.

Ne soyez plus celui qui commence une lettre en sachant « à peu près » ce qu'il doit y exprimer; on sait bien que vous improvisez très facilement; mais vous le ferez plus aisément encore en préparant les éléments précis qui devront y être cités : dates, tarifs, modalités, etc. Ces éléments que vous croyez connaître, mais qui exigent une grande rigueur, ne seront pas toujours faciles à réunir; ne pas y penser à l'avance est, dans les bureaux, une cause fréquente de frictions et de contrariétés. Songez, vous qui aimez aller vite, que cela s'appelle se hâter lentement. Une fois ces éléments réunis, la lettre se rédigera toute seule. Elle sera vite finie et, puisque vous aimez le travail vite-fait-bien-fait, vous pourrez vous féliciter. C'est une habitude à prendre. Elle ne se limite pas aux fonctions des employés de bureau. La méthode est valable quelle que soit votre tâche. Pour un travail manuel, agissez en sorte de n'avoir pas à « faire de la place » d'une main pendant que vous tenez tout un chargement de matériaux et d'outils de l'autre. Munissez-vous des instruments nécessaires avant de commencer; ne courez pas le risque de vous apercevoir, quand la colle est prête, que les deux parties à réunir n'ont pas été nettoyées !

Vous venez de songer en lisant ce qui précède que ce sont là des gestes dignes d'un maniaque de la minutie. N'en croyez rien. Ce qui pour vous tourne à la manie n'est pour les autres que méthode naturelle et bon sens. Perdez l'habitude de vouloir finir avant de commencer. Rassurez-vous : un Bélier ne devient jamais un maniaque !

Devenant conscient du temps et de sa valeur, vous sentant de plus en plus efficient, de plus en plus régulier, vous abandonnerez peu à peu, sans même vous en apercevoir, cette impatience qui vous conduit toujours, en définitive, à des incidents et parfois à la violence.

Vous autres, Béliers, avez la réputation d'être versatiles, inconstants, oublieux. Vous avez tout intérêt à lutter contre ces défauts qui peuvent vous nuire gravement au cours de votre existence.

Pour lutter contre votre versatilité, vous pouvez devenir collectionneur. La constitution d'une collection implique une longue constance. Passionnez-vous pour les vieux tacots, les timbres-poste ou les incunables, mais que ce soit pour une collection plutôt difficile à réunir. Habituez-vous à ces choix difficiles et délicats, à ces recherches longues et complexes qui aboutissent aux plus grandes joies quand une série est enfin complète. Habituez-vous à manipuler avec le soin désirable et la sage lenteur de l'amateur éclairé les merveilles que vous avez acquises. Classez-les, mettez-les en valeur. Vous vous guérirez de votre impatience congénitale. Et, comme dans le cas de l'organisation méthodique de votre travail professionnel, ne craignez aucun excès : chez vous, l'excès de patience et de minutie ne peut se faire sentir que comme un rétablissement d'un sage équilibre.

Dans les cas les plus difficiles, vous pouvez délibérément vous orienter vers une transformation de vos défauts en quelque chose d'utile. C'est une tâche qui ne peut être réalisée d'une manière satisfaisante qu'avec un assez haut niveau moral, intellectuel et social.

Les enfants Bélier

Dans son enfance, le Bélier est d'abord un être agressif : il veut affirmer son existence en tant qu'individu parfaitement unique et différent de tous les autres et sa méthode devient facilement de la violence enfantine.

Il est aventureux et refuse toute direction. Aussi les interventions de ses parents et de ses éducateurs devront-elles rester extrêmement discrètes, très délicates, infiniment adroites, pour éviter que ce jeune dieu de la Guerre ne fasse tout son possible pour aggraver une situation déjà critique.

Sans cette discrétion, l'enfant Bélier passera le plus clair de son temps à supputer son prochain départ de la maison !

Donc, si votre enfant est né sous ce signe, c'est-à-dire

entre le 21 mars et le 20 avril, souvenez-vous toujours de son impulsivité et ne prenez jamais pour des défauts ce qui n'est que la marque et l'originalité de sa personnalité.

Comment allez-vous procéder face à cette jeune volonté ?

Inutile de faire du sentiment. La tendresse n'y peut rien. Efforcez-vous en premier lieu de prendre pleinement conscience de la personnalité des natifs de ce signe, en assimilant avec soin tout ce qui précède. Réfléchissez aux influences de toutes sortes qui ont fait pression sur sa toute jeune âme : commencement d'un cycle, renouveau, élan de la sève. Songez aussi à l'immense flamme qu'allume en nous la certitude du retour d'un temps plus clément, et que vous, sa mère, avez éprouvée les derniers jours que vous le portiez, alors que la réalisation des plus grands espoirs était pour vous toute proche ! Cette aspiration à des conditions de vie plus douces qui vous envahit à la fin de l'hiver, il en a subi les échos. L'appel à dépenser des forces physiques, à extérioriser sa joie que vous avez ressenti, vous le lui avez transmis dans les instants ultimes de la formation de ce petit être neuf. Cette empreinte s'est fixée sur un terrain totalement vierge et intégralement réceptif.

Depuis les origines de l'humanité, chaque génération a connu cet élan, ce changement, ce retour de la joie et de l'action, après la tranquillité résignée et impuissante, blottie, cachée, prudente, craintive du long hiver. Un si vieil atavisme ne peut mourir. Il résiste au progrès technique, à l'évolution des idées, au confort, aux modifications sociales. Il répond à un rythme invariable : après le sommeil, le réveil; après le repos, l'activité; après le silence, l'expression.

L'enfant prend conscience de cette ambiance : il y est préparé. Toute son énergie latente s'est concentrée en lui et c'est un trop-plein qu'il libère par ses explosions bruyantes d'une colère de nourrisson.

L'enfant Bélier déteste la discipline. Dès ses premiers mois, il refuse de s'y plier. Il n'y parviendra que lorsque son raisonnement naissant lui prouvera que certaines contraintes sont nécessaires parce qu'il n'est pas le plus fort et qu'il doit les subir pour survivre !

Pour le faire obéir, il faut donc, loin de le gronder ou de le punir, lui faire sentir que l'obéissance d'un enfant à ses parents est un élément de confort : il vit mieux en acceptant les contraintes qu'en les refusant. Il faut insister sur le fait que les ordres de ses parents ne sont pas l'expression de leur autorité, mais d'une nécessité vitale pour lui.

L'enfant Bélier obéira toutes les fois qu'il ne s'y sentira pas contraint par la force, mais attiré par le besoin d'assurer sa sécurité personnelle ou le confort de ceux qu'il aime.

Au cours de la formation de sa toute jeune personnalité, les éducateurs de l'enfant Bélier ne devront jamais perdre de vue qu'il manque de persévérance dans l'effort.

Il est inutile de chercher à empêcher cet enfant de Mars d'avoir des coups de tête. L'éducateur sage devra s'efforcer de le canaliser et de diriger ses manifestations de force vers le but qu'il considère dans l'immédiat plus favorable à l'enfant.

Il est absolument superflu et même généralement inopportun de chercher à l'élever « dans du coton ». Garçon ou fille, en bonne santé et normalement constitué, l'enfant Bélier est un casse-cou né. Mieux vaut, si la maman est craintive, l'entraîner à rester fort, à devenir souple, rapide, adroit, précis dans ses gestes et vif dans ses réflexes. Il y a mille jeux qui vont dans ce sens pour lui. Il faut qu'il apprenne lui-même à se tirer sans mal des chutes, des batailles, des divers incidents de parcours d'une vie violente. C'est la rude école de la vie.

Si, à dix-huit ans, on ne peut pas lui interdire de conduire vite, au moins doit-on lui assurer des leçons de perfectionnement de conduite qui lui permettront de se tirer en toute sécurité de situations critiques.

L'enfant Bélier possède en lui l'instinct du commandement; on ne devrait jamais lutter contre cette tendance. Il est préférable de faciliter chez lui l'extériorisation de sa jeune volonté, tout en veillant à ce qu'il la concentre et la dirige de lui-même dans un sens logique et utile. Car il ne faut pas que cela devienne une suite de caprices tyranniques.

En résumé, l'enfant Bélier sera très heureux s'il se sent compris, conseillé, soutenu, mais non contré, contrarié, retenu, freiné, brimé, frustré, en somme.

Il faut savoir, enfin, que le type pur d'un signe du Zodiaque, en fait, n'existe pas. Ce sont des tendances, des possibilités, des éventualités, car d'autres éléments que le signe solaire agissent sur la personnalité des natifs du Bélier notamment le signe zodiacal ascendant.

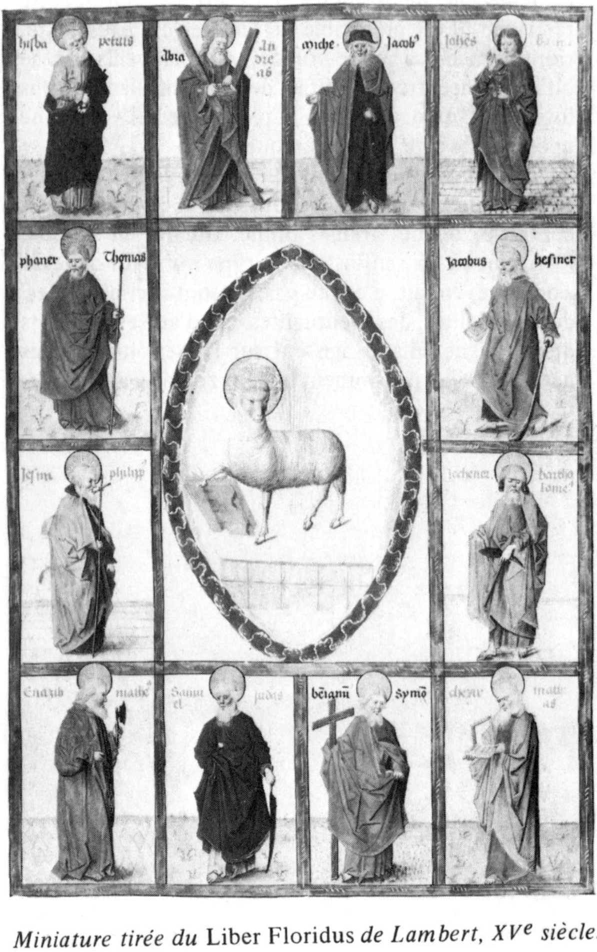

Miniature tirée du Liber Floridus *de Lambert, XVe siècle.*

Chapitre III
Les types mixtes du Bélier

> « La croyance aux effets des constellations dérive d'abord de l'expérience, qui est si convaincante qu'elle ne peut être niée par des gens qui ne l'ont pas examinée. »
> KEPLER, cité par A. Koestler.

L'ascendant astrologique

Nous avons vu précédemment que l'ascendant était le signe zodiacal qui, à l'heure de la venue au monde du sujet, apparaissait à l'est sur la ligne d'horizon. Rappelons que le signe présidant à votre naissance est celui dans lequel le Soleil se trouvait ce jour-là. Comme, au cours d'un jour, la Terre tourne sur son axe, chacun de ses points fait face à un signe précis du Zodiaque. En conséquence l'heure à laquelle vous êtes né est importante car elle permet de déterminer par un simple calcul quel est votre ascendant.

Nous allons donc voir ce qui se passe par l'interaction de l'influence de votre signe solaire et de votre signe ascendant. Les types mixtes, c'est-à-dire ceux qui n'ont pas le Bélier pour ascendant, varient selon la nature de cet ascendant.

Cependant, pas plus qu'il n'existe de type parfait, pur, du Bélier, il n'existe de modèle strictement conforme aux types mixtes. D'autres éléments interviennent pour parachever l'originalité unique de chaque être. En particulier, il y a l'influence des planètes, selon leur position dans le ciel à l'instant de votre naissance. Ce sont des précisions que l'amateur peut déterminer mais, comme il risque de faire des erreurs, il est toujours préférable de s'adresser à un astrologue professionnel pour faire dresser le thème astrologique de naissance.

La logique comme l'observation des faits montrent que l'influence du signe solaire et du signe ascendant ne s'exercent pas exactement dans le même domaine. Alors que le signe solaire donne les caractères statiques, c'est-à-dire ceux qui constituent le fonds de la personnalité et la morphologie du natif, le signe ascendant agit plutôt sur le secteur dynamique, c'est-à-dire sur les activités du natif et sur la direction que sa destinée a le plus de chances de prendre, ainsi que sur les décisions que le sujet lui-même sera conduit à adopter.

Si, au moment de votre naissance, c'était le signe du Bélier qui apparaissait à l'est, c'est le Bélier qui est votre signe ascendant. A la fois signe solaire et signe ascendant, il vous donne alors le maximum des caractères du type : vous êtes un Bélier pur, avec les seules nuances qu'apporteront les planètes.

Bélier ascendant Taureau

Vous êtes né sous le signe du Bélier et le signe du Taureau se levait à l'horizon à l'instant où vous preniez l'élan respiratoire précédant votre premier cri.

Les natifs du Taureau ont pour principale qualité la persévérance. Heureux hasard, car cela corrige parfaitement le principal inconvénient de votre personnalité. Cela atténue en vous le désir, habituel dans votre signe, de faire tout très vite. Avec un tel ascendant, vous aboutirez à un plein succès dans les efforts qui vous sont conseillés dans les pages précédentes pour équilibrer votre caractère.

Avec l'ascendant Taureau, le Bélier, en effet, acquerra très facilement les qualités de ténacité, de persévérance, de constance qui lui manquent par nature.

On dit souvent du natif du Taureau qu'il a peu d'ambition et qu'il n'est pas très entreprenant. Cela risque de marquer votre activité, tenez-en compte.

Si, donc, vous êtes né avec l'ascendant Taureau, gardez-vous de vous décourager trop facilement, fuyez tout ce qui ressemble à de la résignation et persévérez dans la voie que vous suivrez. Cela vous sera facile, car vous possédez le dynamisme qui surmonte toutes les difficultés. Il vous suffira d'accepter de « laisser à l'arbre le temps de pousser », comme on dit à Pékin.

Sachez que le Taureau, comme le Bélier, est un signe placé au commencement du cycle annuel, au printemps, puisqu'il concerne les gens nés entre le 21 avril et le 20 mai. Les fleurs s'ouvrent; les feuilles boivent à grands traits l'énergie dispensée par le soleil. Le signe contient une énorme puissance vitale; le symbole du Taureau est parlant. C'est une force qui s'ajoute à la vôtre, la jeune force capricieuse du Bélier. N'hésitez donc pas à vous engager dans une voie exigeant de grands efforts : vous en êtes capable. Faites confiance à votre ambition, elle vous conduira là où vous pouvez aller. Peu d'obstacles vous résisteront.

Votre ascendant Taureau vous inspirera un sens de la justice assez fort pour compenser votre versatilité.

On s'est demandé si l'influence de l'ascendant pouvait modifier la morphologie du sujet. C'est une question qui n'est pas dépourvue d'intérêt. Il est certain que, dans la mesure où le caractère se traduit par l'expression habituelle du visage et certaines attitudes du corps, l'ascendant modifie l'aspect extérieur du sujet; il est donc certain que la morphologie subit cette influence.

Lorsque le sort décide de l'heure de la venue au monde de l'enfant, sa morphologie est déjà définie.

Il y a peu de chances qu'elle se modifie profondément. On pourra néanmoins lire sur la physionomie du Bélier ascendant Taureau ce qu'il est profondément.

Alors que le natif du Bélier tend à être gouverné par les planètes les plus viriles, le natif du Taureau est sous des influences féminines. Le Taureau est dit signe féminin, le Bélier masculin. C'est Vénus et la Lune qui gouvernent le Taureau. Extérieurement, cela peut se lire dans la ligne du visage, où la partie inférieure est plus importante que le premier et le deuxième tiers. Alors que le signe du Bélier tend à créer un individu sec physiquement, c'est-à-dire osseux et musclé, sans graisse, le signe du Taureau tend à créer un type plutôt bien en chair, qui peut être soit lymphatique, soit sanguin. Se mêlant aux traits typiques du Bélier, ces caractères venus de l'ascendant Taureau apportent, lorsqu'ils sont apparents, un équilibre esthétique très agréable.

De nature énergique et robuste, le natif du Taureau ne connaît pas ses limites et risque de les dépasser; ce trait va dans le même sens que celui du Bélier; il semble que le Bélier ascendant Taureau doive se méfier de ses efforts, se ménager, et éviter tout ce qui fait courir le risque d'un infarctus, par exemple.

Bélier ascendant Gémeaux

Si, au moment de votre naissance, le soleil était dans le signe du Bélier, c'est-à-dire si l'on était entre le 21 mars et le 20 avril, et si, à l'horizon oriental, se levait le signe des Gémeaux, vous êtes Bélier ascendant Gémeaux.

On reconnaît aux natifs des Gémeaux un caractère probe, accommodant, facilement irritable, mais vite calmé, des colères rapides mais de peu de violence, suivies d'oubli...

Comparez ceci avec ce que vous savez déjà des natifs du Bélier. Voyons ensemble quelles vont être les nuances particulières de votre personnalité.

La probité venue des Gémeaux a de fortes chances de minimiser les injustices dont vous êtes capable par votre versatilité et par votre faculté d'oubli. Mais cette versatilité et cet oubli sont accentués.

Sur le plan affectif, vous hésiterez à changer d'amour, car vous vous méfierez de votre versatilité en percevant ce qu'elle peut avoir d'injuste.

Le natif des Gémeaux a un caractère « primaire » comme celui du Bélier. Sur ce point, les traits des deux signes s'additionnent. Bélier qui avez les Gémeaux en ascendant, vous êtes encore plus vif, plus juvénile que le type pur de votre signe solaire; vous aimez profiter des opportunités, vous vous sentez souvent des dispositions de prosélyte, vous avez l'esprit vif et pétillant, vous êtes très intuitif et éloquent.

Vous devrez veiller à persister dans la voie que vous aurez choisie, ne pas vous disperser, car c'est en cela que se trouve, pour vous, le principal risque.

Passons au plan physique, celui de l'apparence extérieure. Existe-t-il, sur ce plan, des caractéristiques propres aux Béliers ascendant Gémeaux ?

Le caractère physique du natif des Gémeaux étant un tempérament nerveux traditionnel, ce trait peut influencer un Bélier né sous cet ascendant.

D'autre part, en ce qui concerne l'aspect physique de la personne, on considère que le natif des Gémeaux est un longiligne; de son côté, le Bélier est mince et musclé; l'influence de l'ascendant sur la morphologie donnée par le signe solaire ne peut être que bonne. La silhouette sera probablement plus allongée, plus dégagée, plus élégante.

Dans le visage des natifs des Gémeaux, on remarque une prédominance du tiers supérieur avec la région crânienne. Le tiers médian étant en cause chez le natif du Bélier, on aura souvent un visage dit triangulaire, avec le front large et ouvert, les pommettes marquées, le nez important, et un tout petit menton net et aigu. Ce que l'on appelle souvent un « visage de chat ».

La démarche du natif des Gémeaux est légère et rapide. Il est gouverné par Mercure, le dieu qui porte des ailes à ses talons. La démarche du Bélier est rapide et décidée. L'un et l'autre style se soulignent et s'accentuent : le natif du Bélier ascendant Gémeaux aura tendance à marcher rapidement, légèrement, parfois précipitamment.

Signalons une tendance à vivre sur les réserves nerveuses; il faut, plus que jamais, éviter le surmenage. Une activité nerveuse factice peut tromper sur l'état de fatigue, et tout se briser d'un seul coup.

Bélier ascendant Cancer

Au moment du premier souffle du nouveau Bélier, le Cancer se levait sur l'horizon. Quels sont les traits du Cancer que le Bélier recevra ?

On donne comme trait particulier des natifs du Cancer une grande imagination, une très forte ténacité, une humeur changeante et capricieuse, et un infini besoin d'attachement affectif.

Béliers qui êtes nés avec cet ascendant, vous ne manquerez pas d'apprécier à quel point ce portrait est séduisant. Mais le Cancer est un signe féminin. Il peut vous déviriliser au plan moral.

La complexité du Cancer, qui est un caractère « secondaire », apportera au caractère primaire du Bélier des nuances subtiles, des chatoiements intéressants, avec la faculté de discerner de quoi il s'agit avant de céder à la première impression.

Considérons l'imagination. C'est une auxiliaire

Van Gogh, Autoportrait, *1887 (coll. privée).*

extrêmement valable dans l'ensemble des qualités intellectuelles des natifs du Bélier et, comme elle permet les hypothèses les plus osées, elle peut faire du natif du Bélier avec ascendant Cancer un grand inventeur, un auteur de grand talent, un musicien remarquable et, dans toutes les voies artistiques comme dans toutes les branches de la recherche scientifique, un être hors pair.

La ténacité du Cancer apporte justement l'élément qui manque au pur Bélier. On atteint, dans ce cas, un intéressant équilibre qui augmente les chances de réussite dans la carrière choisie.

Sur le plan de l'aspect physique, l'influence du Cancer en ascendant chez un Bélier atténue la robustesse du corps. En effet, un natif du Cancer est rarement bâti en force. Il serait plutôt fin, délicat et fragile. Il présente, étant donné son style de vie, une tendance à l'obésité et à la mollesse; avec un peu de chance et quelques soins, ce trait peut, esthétiquement, équilibrer le Bélier, surtout s'il s'agit d'une femme, car le Cancer est un signe féminin. Il apporte des éléments d'arrondi, de douceur enveloppée dans la ligne, qui devient plus gracieuse.

L'influence de l'ascendant Cancer favorise le développement du tiers inférieur du visage. Le Bélier ayant tendance à un développement du crâne et à un nez important, son visage peut devenir élégamment équilibré et d'un bel ovale.

Il faut cependant préciser que, les natifs du Cancer ayant une morphologie imprécise, de type lunaire, le fait d'avoir le Cancer en ascendant ne peut pas influencer fortement les traits ni la morphologie d'un Bélier. Simplement, il sera moins rigoureusement typé et on aura des difficultés à deviner sous quel signe il est né si l'on n'a que son visage comme base de supposition. Il sera banalisé par l'amollissement des formes qu'il devra à son ascendant et, dans certains cas, cela peut effacer au cours de l'adolescence les puissantes caractéristiques des natifs de ce signe.

Au point de vue de la santé, on ne trouve pas d'importantes modifications. On constate souvent une fâcheuse tendance à *se croire* malade avant de l'être.

Bélier ascendant Lion

Lorsque les natifs du signe du Bélier viennent au monde avec le Lion en ascendant, ils voient leurs qualités exaltées et une chance presque insolente leur sourire. Cet ascendant tempérera les excès de versatilité du Bélier en ajoutant une grande élévation morale, un parfait esprit de justice et, surtout, ce qui manque tant aux purs Béliers, une volonté ferme, entreprenante et persévérante.

Le principal défaut du Bélier est donc, dans ce cas, largement compensé et corrigé.

Une autre qualité peut être apportée aux Béliers par l'ascendant Lion : la maîtrise de soi.

Cependant, un trait caractéristique du Lion s'additionne au portrait du Bélier qui pourrait en souffrir : sur le plan de la violence, le Lion n'apporte, en effet, aucun apaisement, bien au contraire. Il procurera des occasions de colères soudaines, brutales, violentes, quoique courtes.

Dans le bouillonnement des idées du Bélier, dans cette perpétuelle recherche d'autre chose et dans ces recommencements sans fin, l'ascendant Lion apporte une note de confiance : on ne fera rien de douteux, d'injuste, d'irrégulier. Le Lion apporte une grande propreté morale, un grand sens de l'honnêteté en affaires.

Au point de vue de l'aspect général physique de la personne, voyons à présent ce que le fait d'être né dans le signe du Bélier avec le Lion en ascendant peut apporter de particulier.

C'est d'abord une tendance à davantage de force physique. Comme le Bélier est déjà bien doué sur ce point, les qualités s'additionnent et la robustesse générale en bénéficie. De même que le Bélier, le Lion est un bilieux : on pourrait craindre un excès dans ce sens. Le signe du Lion apporte au Bélier un supplément d'abondance vitale, de dynamisme, accompagné d'un instinct revendicatif, de réactions rapides et fortes et, dans toutes les circonstances, une physionomie ouverte, riante, satisfaite et bienveillante, comme le sont les forts et les puissants, lorsqu'ils sont équitables et bien nés.

L'aspect physique du natif du Bélier peut être heureusement équilibré par le Lion en ascendant. Le port de tête du Bélier en est modifié, devenant encore plus droit et plus fier; sa démarche reste rapide et devient parfois plus assurée, plus régulière.

C'est toujours un personnage gai, dont le caractère primesautier est modifié dans le sens d'un élargissement des vues, d'une plus grande fierté, de plus d'aisances dans les manières. Le Lion apporte une élégance naturelle qui manque au pur Bélier.

Bélier ascendant Vierge

Nous allons maintenant examiner ce qui se passe quand le natif du signe du Bélier a pour ascendant le signe de la Vierge.

Sur le plan psychologique, la présence de l'ascendant Vierge apporte froide raison, esprit de justice, douceur et lenteur dans les changements d'opinion ou de sentiments.

Ce sont là des traits opposés à ceux du Bélier pur. Comme toujours dans le cas de ces sortes d'oppositions, un équilibre s'installe. Les excès du caractère du natif du Bélier sont atténués et ses faiblesses compensées.

On remarque que les natifs de la Vierge ont des goûts exigeant une grande patience : agriculture, horticulture, collections. Exactement ce que je recommandais plus haut aux Béliers de rechercher pour rétablir l'équilibre de leur personnalité. Naître Bélier avec la Vierge en ascendant paraît constituer une chance assez notable.

Le signe de la Vierge en ascendant rend les mouvements de l'âme plus lents : on ne se mettra pas en colère avec la même soudaineté et on se calmera moins vite. Ce seront des colères sans gravité, d'ailleurs.

L'ascendant Vierge peut apporter aux Béliers, s'ils en manquent, un grand sens pratique, favorable à la réussite matérielle.

Sur le plan morphologique, le fait de naître Bélier avec ascendant Vierge apporte-t-il de notables modifications ?

Le type fortement marqué des natifs de la Vierge est de complexion sèche et de tempérament nerveux. Ces traits ne s'opposent pas à ceux du Bélier; donc, si le natif du Bélier a un ascendant Vierge, il ne subira pas de grandes modifications physiques. Toutefois, il peut être dans l'ensemble de sa physionomie moins nettement semblable au véritable Bélier, car le signe de la Vierge apporte une certaine banalisation des traits et leur ôte tout excès qui en ferait l'originalité.

Le Bélier né sous ascendant Vierge restera donc d'allure vive et rapide, de ligne mince et fine, avec une tendance à la maigreur.

L'expression de sa physionomie restera la même : vive, décidée, primesautière; simplement, parfois, un air sérieux, sévère, renfermé peut nuancer ses traits, habituellement très ouverts.

L'équilibre et le calme des natifs de la Vierge vont, lorsque ce signe est en ascendant chez un natif du Bélier, influencer les gestes et la démarche; le pas sera moins rapide, bien que toujours décidé, ce qui donnera une allure plus ferme et plus forte.

La santé du Bélier avec ascendant Vierge est bonne,

mais elle n'est pas à toute épreuve. Il faut qu'il le sache et qu'il y pense.

Bélier ascendant Balance

Les natifs du signe de la Balance sont des êtres essentiellement équilibrés. Ils sont d'humeur égale et ce signe apporte à la personnalité du Bélier un peu d'accalmie. Les erreurs et les changements d'opinion du Bélier pur sont ici atténués par un juste équilibre de l'esprit et des tendances. La dureté et la volonté sont dissimulés aux yeux des tiers sous une parfaite affabilité.

Un ascendant Balance, pour un Bélier, c'est un palliatif à tous ses excès. Il devient moins rude, plus conciliant, acceptant plus facilement les opinions contraires aux siennes, en restant loyal et équitable.

La Balance en ascendant apporte un grand sens de la vie en société, des rapports civilisés et policés, une atténuation des mouvements brusques et des colères brèves.

A la sèche insouciance du Bélier pour les éléments du confort, l'ascendant Balance apporte un correctif. Le natif du Bélier se sentira davantage tenté par une existence aux ressources régulières et redoutera davantage les à-coups et les retournements de situation. Il y perdra un peu ce qui fait son originalité. A lui d'y veiller et de se garder de la banalité.

Ces traits psychologiques ainsi modifiés entraîneront-ils une modification de l'aspect physique et de la morphologie du sujet ?

Tout autant que la Vierge, la Balance est un signe qui éloigne les natifs de tout modèle animal. La Balance apporte l'équilibre et une grâce typiquement humaine se rapprochant de la perfection. Pour le Bélier, qui a les traits rudes, en général, le fait d'avoir la Balance en ascendant est une faveur du sort sur le plan esthétique. Il en sera d'autant plus net, plus harmonieux, plus équilibré, avec des traits réguliers et chaque partie du visage et du corps en bonnes proportions par rapport à l'ensemble. Le visage étant ovale, les traits accentués du pur Bélier en seront adoucis.

La démarche, les gestes, les attitudes du natif de la Balance étant tout harmonie et mesure, le Bélier, sous l'influence de cet ascendant, découvre en lui et en sa force primaire un calme et une souplesse que son signe de naissance ne lui aurait pas donnés.

Le Bélier pur est plutôt rustique et l'ascendant Balance lui apporte un grand raffinement dans les goûts, dans les habitudes, dans les attitudes et dans l'habillement.

Cette grâce et cette élégance qui lui sont ainsi offertes par l'ascendant Balance, si elles n'apportent que peu d'éléments psychologiques, améliorent son physique.

Bélier ascendant Scorpion

Le signe du Scorpion apporte une très grande vitalité. Cette qualité s'additionne à la vitalité dynamique propre au Bélier pur. Donc, dynamisme accru. Force accrue. Résolution accrue. Oui, mais avec quelles conséquences ?

C'est ce que je vais tenter de préciser.

L'ascendant Scorpion, en fait, apporte généralement au Bélier un caractère difficile, peu accommodant, brusque, fantasque, changeant, avec des sautes d'humeur imprévisibles. Il est direct, agressif, coléreux, cruel, possessif et détaché à la fois. C'est un signe masculin particulièrement viril. Tous ces traits accentuent ceux qu'apporte au sujet le fait d'être né dans le Bélier. C'est pourquoi on peut toujours craindre qu'un natif du Bélier venant au monde sous un ascendant Scorpion, n'ait une personnalité difficile à supporter pour son entourage et une vie pleine d'épines et de cailloux, comme un mauvais sentier.

Les situations paisibles, simples, honorables et de longue durée font horreur au pur Bélier et au pur Scorpion. Pour le Bélier né sous l'ascendant Scorpion, elles sont proprement impensables !

Toute la gamme des plans les plus fantaisistes sera passée en revue par une telle personnalité qui ne saura véritablement jamais où sera, où est, où fut sa véritable chance.

Cette influence de l'ascendant Scorpion sur le caractère du natif du Bélier se fait-elle sentir sur son aspect physique ? C'est ce que je vais tenter de déterminer en observant les traits du natif du Scorpion et en les comparant à ceux du Bélier pur.

L'allure générale du natif du signe du Scorpion est du type animal. On note une ligne très accusée du nez, d'où, chez le natif du Bélier avec ascendant Scorpion, des chances d'avoir le visage orné d'un nez remarquable par sa dimension et par sa ligne généralement busquée et osseuse. Chez le Scorpion type, la ligne des sourcils est saillante. Comme elle l'est aussi chez le Bélier, ce trait est aggravé lorsque les deux caractéristiques s'additionnent.

Il semble donc que l'ensemble des traits du natif du Bélier doive être accentué par la présence de l'ascendant Scorpion. Ses yeux resteront autoritaires mais le regard sera plus froid.

Le natif du Scorpion est un éternel malade qui ne souffre pas gravement, mais se juge toujours souffrant. C'est un trait, peut-être le seul, qui s'oppose à ce que l'on sait du Bélier. Le Bélier a une bonne santé et, s'il est malade, il s'en remet très vite. Il ne se juge pas affaibli pour autant, ayant tout au contraire tendance à se surpasser. Avec le Scorpion en ascendant, il sera plus prudent et se ménagera, peut-être avec plus de craintes qu'il n'est utile.

Bélier ascendant Sagittaire

Lorsque le natif du Bélier est venu au monde à l'instant où le signe zodiacal du Sagittaire montait à l'horizon oriental, quelle a été l'influence de cette situation ? Voyons d'abord les modifications apportées au caractère et au comportement.

Le natif du Sagittaire est intéressé par le monde animal. Il est doué pour le dressage des animaux. Il sait les protéger et aussi d'ailleurs les chasser. Aussi ce signe apporte-t-il au natif du Bélier un nouvel horizon, un aspect des choses auquel il n'aurait pas songé, et un courant d'idées auquel, sans cet ascendant, rien ne le prédisposait. Le Sagittaire pense vite et s'exprime sans détour; en cela, il accentue un trait qui existe déjà chez le Bélier. Il sait apporter aux problèmes qu'il doit résoudre la solution radicale, simple et rapide mais exacte. En cela il ne fait encore une fois qu'ajouter à un trait qui existe chez le Bélier. L'ascendant Sagittaire accentue chez le Bélier le style direct et rapide.

Le Sagittaire ajoute au caractère du Bélier un supplément d'optimisme, de force communicative, avec une particularité d'orages subits, étonnants et brefs que le pur Bélier connaît très bien.

On peut se demander alors si cette influence sagittarienne se fait sentir sur la physique.

Le Sagittaire en ascendant apporte au Bélier un visage plus allongé et plus étroit. Le profil reste convexe, le nez busqué et osseux.

Dans certains cas, et en atteignant la maturité, les traits cessent de rester longilignes et les joues s'arrondissent, acquérant un air important et parfaitement pléthorique.

La ligne générale du corps est bâtie en force avec une carrure accentuée, et tous les exercices physiques qui entretiennent la force et l'adresse sont appréciés.

L'individu qui, né sous le signe du Bélier, a le

Émile Zola. L'Illustration *du 8 mars 1890.*

Sagittaire en ascendant conserve la même force, la même rapidité que le type pur, mais acquiert, avec les années, une certaine amplitude, avec tendance à l'obésité du ventre et des hanches.

Comme le Bélier pur, le natif du Sagittaire tend à aller au-delà de ses forces et, lorsque ce signe est en ascendant chez un Bélier, il est nécessaire de penser souvent et sérieusement à cette indication qui permettra d'éviter des accidents dus à la fatigue.

Le Sagittaire en ascendant tend à donner au Bélier une mégalomanie d'humeur joyeuse et un sens de sa propre importance que, sans cette influence, le Bélier pur eût ignorée.

Bélier ascendant Capricorne

Lorsque le sujet est né dans le signe du Bélier alors qu'à l'orient montait le Capricorne, a-t-il subi du fait de cette position des modifications assez sensibles de sa personnalité. Son physique s'est-il écarté du type du Bélier pur ?

Le signe du Capricorne est celui qui, sur le cercle zodiacal, se trouve directement opposé au signe du Bélier. Cette situation pourrait provoquer sur certains points un conflit intérieur et la dispersion des tendances.

Comme ces divergences sont innées, le sujet saura s'en accommoder. Selon les circonstances et sous les diverses influences du milieu dans lequel il reçoit sa première formation, il adoptera une dominante de l'un ou l'autre extrême.

En effet, le Capricorne apporte au natif du Bélier un élément que ce dernier cherche en vain à acquérir lorsqu'il ne le possède pas en naissant : c'est un esprit méthodique, pratique, soigneux, méticuleux, tenace et précis. Tous les caractères d'un organisateur. Le Bélier étant avant tout un novateur, un créateur, s'il possède les traits opposés et s'il réalise un équilibre entre ces deux tendances, il mettra de son côté toutes les chances de réussite brillante et de fortune.

Le goût du travail précis et de l'économie sage et prudente influence-t-il le physique du sujet ? C'est ce que je vais tenter de déterminer.

On peut rencontrer encore des profils busqués. Comme le Bélier possède déjà nettement cette tendance, le Capricorne en ascendant accentuera la ligne. Elle sera plus fréquente chez les Béliers avec Capricorne en ascendant que chez les Capricornes purs.

On voit souvent, chez les Béliers ayant le Capricorne en ascendant, une ligne générale mince, plus mince et plus osseuse que chez le type Bélier pur. Le tempérament est nerveux, froid et sec. Le front fait saillie au-dessus des orbites et cela se rencontre aussi chez le Bélier pur. La présence du Capricorne en ascendant procure un menton plus avancé, alors que chez le Bélier pur il est en retrait.

La démarche est plus lente et plus imposante avec le Capricorne en ascendant; le pas du Bélier pur est plus rapide, et l'abord du Bélier avec le Capricorne en ascendant est beaucoup moins gai et rieur que chez le Bélier pur. La présence de l'ascendant Capricorne semble apporter au Bélier de la solidité et du sérieux. Mais cela peut n'être qu'une simple apparence cachant en réalité certains risques de maladies tenant à la décalcification.

En opposition avec le Bélier de type pur, le Bélier avec ascendant Capricorne éprouve une certaine crainte des luttes et des coups. Il tendra davantage à réserver ses forces et voudra s'assurer une saine vieillesse, ce dont ne se préoccupe pas beaucoup le Bélier de type pur.

Bélier ascendant Verseau

Si le natif du Bélier a, dans son ciel de naissance, le Verseau se levant à l'horizon, quelles sont les modifications apportées par cet ascendant ?

Le signe du Verseau s'oppose d'une façon étonnante à celui du Bélier. Le Verseau est dépourvu de réalité animale. C'est un signe de fin de cycle, qui tend vers une certaine dissolution en vue d'un recommencement.

Lorsque le natif du Bélier a le Verseau en ascendant dans son ciel de naissance, il en subit l'influence étrange à peine sensible, mais non négligeable. Il conserve son goût de l'indépendance et de la liberté, son activité hardie, provocante et révolutionnaire, mais il y ajoute un esprit inventif, enthousiaste, idéaliste, exigeant, original et qu'enflamment toutes les idées nouvelles par le seul fait qu'elles sont nouvelles.

Il reste un novateur, comme tous les Béliers, mais il ajoute à ce trait une certaine note utopique, une grande naïveté, se sentant immédiatement ébloui par ce qui est neuf.

Avant tout, il s'enflamme facilement pour les idées d'avant-garde; il est, dans l'âme, un progressiste. Il l'est aussi en politique et, dans un total désintéressement, est capable de prendre feu pour une thèse sociologique moderne.

De ces modifications apportées à sa personnalité psychologique, trouve-t-on trace sur ses traits ? Le natif du Bélier avec ascendant Verseau porte-t-il sur sa personne les marques de son destin ?

Les valeurs humaines, chez le Verseau, sont épurées et ce signe est à l'opposé de toute animalité; aussi a-t-il peu de traits caractéristiques et, sur un natif du Bélier, dont les marques distinctives sont flagrantes, il ne peut pas exercer une forte influence.

La ligne générale de sa silhouette est mince et svelte. Son visage est triangulaire, avec forte prédominance du front, mais sans nuire à l'harmonie de l'ensemble.

Le résultat de ce qui précède est clair. La puissance animale du Bélier n'est pas physiquement influencée par l'ascendant Verseau. Ce sera le caractère Bélier qui restera dominant dans cet étrange duo où les parties ne sont pas faites pour s'accorder.

La démarche sera probablement inchangée chez le Bélier. Cependant, la présence dans son ciel de cet ascendant tout de délicatesse et de fragilité incitera le Bélier à lutter contre ses tendances à la violence et à l'agressivité.

Bélier ascendant Poissons

Examinons enfin le cas d'un sujet né dans le signe du Bélier avec les Poissons en ascendant.

Le signe des Poissons a toujours étonné et continuera toujours de passer pour étrange.

C'est un signe proche de l'irréel, qui rend ses natifs fluctuants, mouvants, agités, indécis. Ce sont des personnalités qui peuvent appartenir au type passif, conformiste, respectueux de l'ordre établi : dans ce cas, son influence pèsera sur les décisions du natif du Bélier et il en ralentira d'autant la spontanéité.

On rencontre, d'autre part, des Poissons actifs, dévorants d'activité un peu désordonnée, suivant toujours une inspiration inexplicable pour les autres. Si ce sont ces traits que reçoit le Bélier, les mêmes particularités seront accentuées chez lui.

En général, on considère que le Bélier avec ascendant Poissons, c'est le monde du Feu uni à un univers aqueux, fluide et froid.

Le natif du Bélier avec ascendant Poissons rencontrera parfois une chance fabuleuse; au contraire, dans d'autres cas, elle sera inexistante. Personnage intuitif et presque indéchiffrable : il prendra aux Poissons leur mystère...

Cette union des deux signes peut donner un être d'exception, un génie dans le domaine des grandes idées, des grands dévouements, des idéaux purs et humanitaires.

Cela peut-il se lire sur les traits de ce Bélier ?

Le type physique du natif des Poissons est dilaté, avec tendance à l'adiposité; mais, comme c'est un signe double, il existe aussi un type fluide, mince, insaisissable, au physique délicat. L'un et l'autre sont en puissante contradiction avec les caractéristiques du Bélier de type pur. Sa musculature, son profil osseux vont directement à l'encontre à la fois de la mollesse et de la délicatesse. Aussi est-il possible qu'un Bélier avec ascendant Poissons présente, étonnamment mesuré et logique, un type parfaitement harmonieux et équilibré. Il peut donc être très beau.

Sa santé ne sera pas, à proprement parler, fragile. Mais elle le préoccupera, alors que le pur Bélier ne s'en soucie pas. Cela peut conduire un Bélier sous ascendant Poissons à s'attacher à déceler en lui-même les moindres maux, ce qui lui évitera le risque que courent ses semblables : ne pas se ménager et raccourcir sa vie.

La ligne générale de son corps n'aura pas la robustesse habituelle des Béliers : elle n'en sera pas moins équilibrée et solide. L'ascendant n'apporte qu'un peu de souplesse là où la précision et la rapidité risquaient de créer une sorte de sécheresse.

Sachant que sa nature profonde est résolument terrienne, le Bélier qui a un ascendant Poissons doit se considérer comme disposant d'un certain équilibre, mais on doit reconnaître que le signe ascendant n'est ici pas assez puissant pour apporter des modifications profondes.

Page suivante : Traité d'astrologie, *de Mohammed ibn Hasan el-Saoudi. Manuscrit turc, 1582.*

تقسیم دیگر جانب حمل

Troisième partie

Chapitre I

Le Bélier et l'amour

« Chacun fait beaucoup pour son commerce ou pour sa carrière. Mais, communément, on ne fait rien pour être heureux chez soi. »
ALAIN.

Nous avons étudié et tenté de définir avec précision le type du natif du Bélier et ses complexités nées de l'influence du signe ascendant dans son ciel de naissance. Nous avons dessiné un schéma de l'action des planètes. Il faudrait aller maintenant plus loin et procéder par décans, au lieu de procéder par signes. Ce serait se proposer une tâche d'une précision que ce très simple ouvrage ne pourrait garantir. Les spéculations intellectuelles trop poussées risquent de devenir de simples vues de l'esprit et de s'éloigner de la réalité. Qu'il suffise de connaître le signe précédent et le signe suivant et on fera intuitivement la différence entre le premier décan, influencé par le signe qui le précède sur le Zodiaque – pour le Bélier, c'est le signe des Poissons –, le troisième décan, influencé par le signe du Taureau et le deuxième décan, le plus proche du signe pur. C'est ainsi que l'on peut admettre que celui qui est né entre le 31 mars et le 10 avril, s'il n'a que le Soleil comme planète dans son ciel de naissance et s'il a le Bélier pour ascendant, sera Bélier type, pur, simple et correspondant à la description traditionnelle des natifs de ce signe.

Mais le moment est venu de présenter l'étude du comportement du Bélier devant l'amour. Car n'est-ce pas souvent en amour qu'on pose le plus de ces

La Promenade, *par Goya (musée d'Agen).*

questions dont on cherche la réponse partout et particulièrement en Astrologie ? Voici donc le sujet qui passionne certainement les Béliers, de même que tous ceux qui sont amoureux d'un monsieur ou d'une dame Bélier...

Ainsi, Béliers, nous allons voir quel est, en général, votre comportement en amour.

Le Bélier amoureux

Le point de départ de tout ce qui peut être exprimé sur ce sujet est le suivant :

Le natif du Bélier (j'entends ici homme ou femme) est excessivement sensible à la solitude. Il peut fort bien s'attacher et puis changer brusquement. Mais il n'apprécie pas ce comportement et préfère de beaucoup *s'attacher et rester fidèle* coûte que coûte.

Pour considérer la situation affective du Bélier, parlons un instant des Maisons.

Cette question théorique que nous avons voulu éviter jusqu'à maintenant devient ici nécessaire.

L'Astrologie, pour donner un appui logique et aussi précis que possible à ses raisonnements, divise l'itinéraire du Soleil vu de la Terre en douze sections appelées Maisons. Ces sections n'ont pas de nom propre comme les signes du Zodiaque, et on leur attribue un numéro d'ordre.

Les douze Maisons couvrent, en douze secteurs, toutes les faces de l'activité humaine. De plus, on a découvert un lien entre les Maisons et le Zodiaque, et à chaque Maison correspond théoriquement un signe, ce qui donne :

Maison	I	Bélier
Maison	II	Taureau
Maison	III	Gémeaux
Maison	IV	Cancer

Maison	V	Lion
Maison	VI	Vierge
Maison	VII	Balance
Maison	VIII	Scorpion
Maison	IX	Sagittaire
Maison	X	Capricorne
Maison	XI	Verseau
Maison	XII	Poissons

En consultant la signification de chacun des signes du Zodiaque, au cours des douze volumes de cette série, vous pourrez saisir dans son ensemble toute l'étendue de la signification de chacune de ces Maisons. Résumons schématiquement ici cette signification.

Maison	I	Vitalité et réalisations.
Maison	II	Le point de vue matériel, les biens.
Maison	III	L'environnement, les influences concrètes.
Maison	IV	Les parents.
Maison	V	La vie affective.
Maison	VI	La santé.
Maison	VII	La vie conjugale.
Maison	VIII	L'extérieur et les imprévus.
Maison	IX	Evolutions et voyages.
Maison	X	La situation sociale.
Maison	XI	Les appuis.
Maison	XII	Les influences secrètes.

Nous venons de le voir, la vie affective, donc l'amour, correspond à la Maison V. Regardez la liste où à chaque Maison correspond un signe du Zodiaque ; vous, Béliers, face à la Maison I, vous avez, correspondant à votre Maison V, le signe du Lion. Il faut que vous fassiez connaissance avec ce signe pour comprendre profondément votre vie affective.

Vous avez lu également dans les pages qui précèdent

que vous êtes placés directement sous l'influence de la planète Mars. Informez-vous des effets de cette influence. Mars vous dirige, Mars façonne votre destinée et votre comportement. Et Mars est fort, brutal, agressif, dynamique. Le Lion, c'est le Soleil, brûlant parfois, mais toujours chaleureux, exaltant, favorisant dilatation, rayonnement, expansion. Vous commencez à saisir par quel mécanisme vous êtes parfois poussé à des réactions qui vous étonnent.

Lorsque Mars s'unit au Lion, il dynamise tout ce qui concerne l'amour. Vous êtes maintenant édifié. L'amour, pour vous, c'est très important et, en amour, vous êtes une force vive. Rappelez-vous nos premières pages : le printemps naissant, la sève qui monte...

Vous êtes au commencement d'un cycle de la nature. Le commencement, c'est la conception et la naissance. Vous êtes tentés par le côté sexuel de l'amour. Obscurément, il y a en vous le sentiment que vous avez pour rôle et pour programme de semer, de créer, de procréer. Votre attirance pour le sexe opposé est très vive, comme nécessaire; vous êtes en cela poussés par votre destin plus encore que par votre psychologie et par votre cœur.

En tout ce qui concerne l'amour et la sexualité, vous êtes absolus, décisifs, directs. Vous êtes possessifs et légèrement égoïstes. Vous avez, en ce domaine, le même esprit de domination que devant les problèmes matériels de la vie.

Homme ou femme, vous êtes particulièrement fascinant, attirant.

Certains auteurs ont observé dans votre comportement affectif et dans vos relations avec les autres une sorte d'énigme psychologique. C'est une tendance, assez nette pour qu'elle ait été remarquée, à attirer à vous des personnes désirant se servir de vous qui, pour cela, vous sollicitent et ne parviennent finalement pas à combler cette solitude que vous détestez. Ces sortes de « vampires imprécis » qui vivent et se raniment en

Le Mois de mars, *par Lebrun. Gravure du XVII*^e^ *siècle.*

suçant les forces physiques de quelqu'un d'autre vous semblent réservés. Le natif du Bélier non seulement semble vouloir se laisser faire par ces personnalités dévorantes, mais il les recherche en supposant que ce sont des êtres peu communs, des personnes originales et qu'il y trouvera beaucoup d'éléments passionnants. Lorsque le partenaire a livré sa vérité et qu'il a montré son avidité, le Bélier ne va pas, pour cela, s'en détacher. Il suppose, dans sa pureté instinctive, que la loyauté exige qu'il reste ainsi et il se laisse tout bonnement tondre la laine sur le dos.

Du moment qu'il possède quelque chose ou quelqu'un, le Bélier semble croire que, pour cette seule raison, la chose ou la personne est unique. De là à se persuader fermement que son choix est forcément le meilleur, il n'y a qu'un petit pas que le Bélier franchit allégrement d'un bond.

Votre situation vis-à-vis des autres, chers Béliers, se trouve alors terriblement embrouillée. Vous ne savez pas vous en tenir au choix moyen, aux demi-mesures, et vous complétez cet absolutisme par un curieux manque de discernement. Là, il faut que vous fassiez très attention.

Ce trait de caractère des Béliers, qui est général, se retrouve dans vos relations sentimentales. Si vous connaissez le signe de naissance de votre partenaire, vous adoptez l'attitude suivante : vous êtes nettement attiré par les natifs du Lion; vous vous sentez en harmonie avec les natifs des Poissons; vous estimez et appréciez les Gémeaux; vous éprouvez une certaine sympathie pour les natifs du Sagittaire. Cela est absolument indépendant de l'ascendant de votre naissance. Il s'agit de rencontres fortuites avec des natifs d'autres signes et de la réaction qui est la vôtre.

Avec les natifs du Cancer, le Bélier éprouve des difficultés; également avec ceux du Capricorne. Il en va de même avec ceux de la Balance, bien que les discussions qu'il peut avoir avec ces derniers ne se placent pas sur le plan affectif, mais souvent du point de vue juridique.

Il est essentiel, pour les natifs du Bélier, de communiquer leurs sentiments. Ils sentent cela, ils le devinent mais ils n'en perçoivent pas toutes les nuances.

Le Bélier incompris

Le Bélier, malgré toute son impétuosité et son dynamisme typique, est, affectivement, un inquiet. Il suppose que personne ne peut le comprendre et c'est une constatation qui l'attriste, car il est très ouvert, très extériorisé, très communicatif. Lorsqu'il rencontre quelqu'un avec qui il se sent capable de communiquer, il le considère comme un être exceptionnel. Cette attitude, particulièrement sur le plan sexuel, n'est pas pour lui source de joie, mais cause d'angoisses.

En même temps que cet ardent désir de communiquer, le Bélier possède en lui un refus obstiné de se confier; il déteste se livrer; il ne dit pas ce qu'il trouve charmant, ce qu'il considère merveilleux. Il ne désigne pas davantage ce qui le rebute, ce qu'il considère comme mauvais. Il n'exprime rien de tout cela parce qu'il pense ne pas être compris, n'être même pas entendu. Il aime communiquer et il a toujours l'impression de s'adresser à des sourds. A des sourds ou à des personnes refusant de s'intéresser et ne le comprenant d'ailleurs pas.

Qu'est-ce, pour le Bélier, que la sexualité ? Rien de plus qu'une succession d'impulsions spontanées plus que délibérées.

Il faut se rappeler que le Bélier a un caractère primaire et qu'il est irréfléchi, impétueux, têtu, impulsif, dans toutes les circonstances de la vie et par conséquent aussi en amour.

Un Bélier est toujours en train de chercher le conjoint idéal. Ce n'est pas qu'il ait peu de chance sur ce point. Il en a autant que les natifs des autres signes. C'est qu'il croit toujours que la personne qu'il a enfin trouvée ne peut pas le comprendre, ne peut pas répondre à ses aspirations. Ce doute perpétuel l'incite à des atermoiements, des hésitations et des reculades qui le conduisent à épouser finalement quelqu'un de moins important, de valeur inférieure à la sienne, simplement parce qu'il se sent plus assuré devant la faiblesse de l'autre et croit que sa supériorité lui est une garantie de sécurité. Il souhaite assumer la direction du couple. Il se dit que dans cette situation ses sentiments se trouveront à l'abri du jugement d'autrui. Il craint plus que tout le ridicule.

Le natif du Bélier sait trop que les relations humaines, surtout sur le plan sentimental, peuvent parfois prêter à rire. Il tient à n'être jamais heurté, blessé, ulcéré par les réactions des autres. Il sait que, si son partenaire lui est inférieur, il gagnera les petites guerres qui les opposent. Mais il ne sait pas, ou il oublie, que c'est un état d'esprit qui ne permet pas le bonheur.

Le Bélier et la sexualité

Le natif du Bélier est placé sous l'influence de la planète Mars qui s'associe à tout ce qui est action, agressivité, lutte, dynamisme parfois un peu excessif. Sa Maison V est placée sous l'influence du Soleil parce que le Soleil gouverne le signe du Lion.

Le Soleil peut donner au natif du Bélier une grande beauté fière et imposante; sous un aspect négatif, il peut le rendre hautain, soucieux de sa grandeur, tandis que sous l'aspect positif il le rendra rayonnant, chaleureux, passionnément gai et attirant.

Le natif du Bélier est un créateur dans tous les

domaines, il l'est donc aussi sur le plan sexuel. Il y trouve, pour s'exprimer, des moyens que beaucoup d'autres considèrent comme non orthodoxes; cela colore sa vie sociale, mais se traduit d'une façon plus aiguë dans sa vie intime.

Dans les rapports sexuels, le Bélier donne plus souvent et davantage qu'il ne reçoit, et cela, il l'accomplit avec une nuance d'abandon, de résignation, non dans une attitude positive, mais comme s'il ne pouvait pas faire autrement.

Le signe zodiacal correspondant à la Maison VII du Bélier, celle du mariage, est la Balance associée à la planète Vénus. La planète Vénus est la planète qui gouverne le signe zodiacal de la Balance. On a donc ici trois symboles astrologiques significatifs en ce qui concerne, cher Bélier, votre univers sexuel : *Mars*, planète directrice du signe du Bélier ; le *Soleil,* planète dominant, pour le Bélier, sa Maison V ; *Vénus,* qui gouverne la Maison VII du Bélier, la Maison du mariage. Ces trois planètes s'unissent pour faire de vous, Bélier, un idéaliste en ce qui concerne la vie sexuelle. Elles créent en même temps feu et émotion, ajoutés à l'exaltation de la découverte.

Mais, dès que *les relations deviennent routinières*, vous vous sentez découragé.

Une actrice célèbre née sous le signe du Bélier n'a pas hésité à confier que l'élément romanesque était l'essentiel de l'intérêt qu'elle portait aux problèmes sexuels. Elle avait besoin de l'excitation de la découverte, d'être traitée en fiancée. Elle en vint ainsi à s'éloigner de son mari pour aller à la recherche d'un homme assez patient et compréhensif pour se prêter à la satisfaction de ce besoin romanesque.

C'est un trait qu'il ne faut pas pousser à l'extrême. Il deviendrait, dans ce cas, une marque d'immaturité, d'infantilisme.

Cet élément supporte parfaitement d'être dosé avec les balances subtiles utilisées pour peser les produits très précieux; il apporte alors du goût, de la vivacité, de l'attrait à une existence qui courrait sans cela le risque dramatique de s'enliser dans une pénible routine, quotidienne et lassante.

Le natif du Bélier, s'il doit se passer d'amour et de romanesque, ne trouve plus aucun intérêt à la vie sexuelle. Ce sont là pour lui des ingrédients essentiels; sans eux, il laisse aller les choses; il dort; il n'a plus aucune activité profonde et qui mette en jeu tout ce qui est en lui de passionné et de capable d'exaltation; il se laisse aller à toutes les concessions par indifférence; comme, au fond de lui, il en est fâché, il devient irritable, furieux et s'en prend à lui autant qu'à son partenaire.

Le romanesque n'est d'ailleurs pas le seul élément que le Bélier place dans la sexualité; il y savoure aussi le fait de découvrir qu'il peut vivre d'une manière absolument merveilleuse, exceptionnelle et parfaite. Tout Bélier voudrait vivre ainsi et en serait particulièrement heureux. Tant qu'il ne découvre pas de raison d'être fier de son partenaire, le Bélier reste froid comme la banquise. Dès qu'il peut savourer cette fierté, sa nature ardente se manifeste pleinement. Car le Bélier est aussi brûlant que les autres signes mais il a besoin de cet élément d'excitation : *être fier de son partenaire.* Sinon, il se déprime ; la sexualité devient pour lui tolérée, mais non plus appréciée.

Conseils aux hommes concernant les femmes natives du Bélier

Les natives du Bélier ne s'en laissent pas facilement conter et n'appartiennent pas à la catégorie des femmes-objets. Ce sont des êtres humains à part entière : elles savent parfaitement bien où elles vont et si l'on tente de les « mener par le bout du nez », on court à un grave échec et elles réagissent avec violence.

Brunehilde, *lithographie de Bussière vers 1900 (musée des Arts décoratifs).*

Elles ont leur point de vue et s'y tiennent raisonnablement, mais avec une certaine force.

Un homme amoureux d'une native de ce signe n'a jamais intérêt à se laisser conduire par une routine machinale, à longer les sentiers battus et à se contenter des ornières parcourues par tout le monde. Il doit aller de l'avant et se battre sans réserve ni retenue.

La native du Bélier a des aspirations romanesques; il faut que vous répondiez à ce qu'elle attend de l'amour et que vous lui apportiez le piment qu'elle attend de sa vie sentimentale. Elle n'admet pas la sexualité sans le sentiment amoureux; elle cherche du nouveau, de l'inédit, comme s'il devait se créer une sorte d'amour qui lui serait spécifiquement réservée. C'est à cet ordre d'aspiration que l'amoureux de la native de ce signe doit répondre s'il veut réellement la rendre heureuse.

Une native du Bélier peut être passionnée, têtue, capricieuse, indépendante, changeante, versatile et parfois arrogante.

Elle peut avoir tout le sex-appeal du monde et se montrer d'une grande complaisance, mais cette attitude n'est que le résultat d'un grand orgueil. En fait, avec elle, la guerre n'est jamais gagnée; il faut chaque jour trouver du neuf.

Il est inutile de tenter de la plier; elle s'en irait aussitôt, car les natifs de ce signe sont capables d'un oubli total du jour au lendemain, rançon de leur goût du nouveau et de leur versatilité. Ils peuvent aussi savoir se souvenir lorsque cela en vaut la peine. La native du Bélier peut aussi, après une tentative maladroite de votre part, et s'étant sentie blessée, rester avec vous par loyauté, par devoir, par principe, mais comme vidée de toute sentimentalité , elle ne sera plus une véritable compagne; même présente, vous la percevrez perdue pour vous.

Cependant, dans le bonheur, madame Bélier est réellement très charmante, très attirante, très gaie, pleine d'une adorable vitalité et de mille autres qualités qui vous ont d'abord attiré vers elle. Donc, vous qui êtes amoureux d'une femme Bélier, *ne tentez jamais de la plier à votre volonté, ne la forcez pas,* ne luttez pas avec elle pour une stupide suprématie entre vous; d'un autre côté, ne la craignez pas : si vous vous soumettez trop vite, si vous vous faites humble et tout petit devant sa volonté, elle cessera de vous estimer, donc de vous aimer.

Les rapports avec une femme née sous le signe du Bélier ne sont jamais faciles, mais toujours passionnants. En tout cas, il ne faut jamais se décourager.

Conseils aux femmes concernant les hommes natifs du Bélier

Un natif du Bélier est surtout, nous l'avons vu, un être dynamique. Il aime le neuf, l'inédit, le singulier et veut se trouver toujours en tête de tout mouvement.

Vous avez déjà compris, vous, madame qui aimez monsieur Bélier, que vous devez toujours vous tenir à la pointe de la mode. Mais que vous suiviez réellement la mode de la haute couture ou que vous viviez selon un train plus modeste, ce qu'il attend de vous, c'est l'originalité, le style spectaculaire, la ligne « sophistiquée »; le Bélier a horreur du négligé, de la femme qui traîne en savates et en vieux peignoir, les cheveux emmêlés, dans l'attente d'une problématique mise en plis ou roulés sur des bigoudis. Monsieur Bélier vous voudra belle, soignée, élégante à toute heure.

Le natif du Bélier n'aime d'ailleurs jamais le négligé ni surtout la routine, quelles que soient les circonstances. Il est ennemi des habitudes.

Contrairement à son apparence, monsieur Bélier n'est pas très sûr de lui; en amour, il a besoin qu'on lui dise souvent qu'il est aimé. Comme il n'apprécie ni ce qui est banal et machinal, ni quoi que ce soit de conventionnel, il faut trouver, pour lui redire vos sentiments, des manières neuves, imprévues, des inventions bien personnelles.

Le natif du Bélier est attiré par la passion, l'ardeur, les élans, et il en a besoin pour se sentir heureux et pleinement lui-même. Il peut paraître timide et réservé, mais si vous prenez l'initiative des démonstrations amoureuses, vous le verrez s'animer et devenir un homme charmant et attentionné.

Sur le plan sexuel, le natif du Bélier est très ardent; signe de Feu, il aime d'une passion brûlante, son amour est toute flamme, ses baisers de véritables tisons.

Les natifs de ce signe, cependant, se révèlent parfois égocentriques. Il vaut mieux que la femme d'un Bélier en soit prévenue, car c'est une attitude intellectuelle et affective qui peut nuire aux rapports d'un couple conjugal : qu'il suffise de savoir qu'en toutes choses il faut faire la part du feu et accepter chez le Bélier ce trait, car il possède bien d'autres qualités, et de très brillantes, pour demeurer très attachant. S'il est heurté sur ce point, il risque de perdre les atouts qui constituent l'essentiel de son charme.

Dans une union avec le Bélier, on court toujours le risque d'être victime de sa manie du changement; sachez, mesdames, à cet égard, que lorsqu'il rompt, il ne revient pas, non par rancune, mais parce qu'il oublie : il n'est pas dans sa nature de revenir en arrière.

Chacun de nous possède sa dose d'égoïsme. La femme qui veut être aimée d'un natif du Bélier devra s'efforcer de renoncer à la sienne...

Le natif du Bélier est loin d'éviter les expériences en amour; au contraire : il les recherche.

Il ne craint pas quelques bravades. Notez qu'il est sous l'influence de la planète Mars : il a donc tendance à être batailleur, provocant, sinon violent, car nous ne parlons ici que de l'amour.

Le natif du Bélier tient à se sentir apprécié. S'il croit percevoir que cela n'est pas le cas, toute son ardeur tombera et il se tournera vers quelqu'un d'autre, ou vers une autre occupation, et rien d'agréable ne saurait plus vous venir de lui.

Au contraire, si cette tendance est satisfaite, et s'il se sent à la fois aimé, apprécié, estimé et admiré, vous aurez le partenaire le plus divers, le plus brillant, le plus intéressant et le plus passionné que vous puissiez souhaiter.

Quand le Bélier tombe amoureux

Lorsqu'un homme ou une femme tombe amoureux d'une native ou d'un natif du Bélier et qu'il désire parcourir avec ce partenaire le chemin de la vie, il s'engage sur une voie particulière et inattendue. Une voie définitive, en général. Car, si une rupture se produit, elle sera tout intérieure : le sentiment sera mort, mais les apparences resteront inchangées et le couple demeurera uni aux yeux des tiers.

Si, par exception, le couple se défait, si une véritable séparation intervient, celui qui a aimé un natif du Bélier ne pourra pas facilement s'adapter à l'amour d'un autre signe !

Les natifs du Bélier sont chaleureux, passionnés, généreux avec ceux qu'ils aiment. Quand ils aiment, ils donnent, et quand ils admirent, ils aiment. Pour eux, se donner et offrir, cela se confond avec aimer, avec tout ce qui est romanesque, avec tout ce qui est intime. Sous une apparence parfois lointaine, dédaigneuse, sous une carapace volontaire qui masque le fond des choses, vit un des êtres les plus profondément généreux. Généreux pour leur propre joie mais aussi pour celle des autres.

Ceux qui, passant outre à un égoïsme de surface, savent découvrir la transformation que l'amour produit chez le Bélier demeurent stupéfaits; devant ce goût de donner, ils deviennent soupçonneux. On se pose parfois au sujet du Bélier mille questions concernant ses motivations. Il est très difficile au partenaire d'un Bélier d'admettre qu'il n'y a pas de motivations, mais seulement une expression naturelle, une projection de l'être vers l'autre, un état d'âme inné, instinctif, cosmique.

Le natif du Bélier doit se connaître et accepter cela, afin de ne pas glacer un partenaire moins ardent que lui par un excès de force.

Le Bélier amoureux devra se contrôler et faire en sorte que, dans le couple, sa violence et sa passion, sa générosité et son goût des expériences n'étouffent pas le partenaire. Il faut le laisser respirer. Il faut que le Bélier laisse son conjoint vivre de sa vie personnelle. Il faut aussi qu'il se force continuellement à respecter cette existence parallèle à la sienne, qui ne peut s'y confondre sans perdre beaucoup de soi.

Dans le domaine de l'amour – comme, d'ailleurs, dans les autres domaines –, le natif du Bélier, homme ou femme, reste un impulsif. C'est un trait qui peut causer de grands troubles au sein du couple et même provoquer des tragédies. Le Bélier ignore toute logique, mais il n'en est pas de même pour les autres; quand il laisse sa passion prendre le dessus, il plonge les autres dans des embarras difficiles à expliquer.

Un point important, pour les natifs du Bélier : ne pas dispenser à n'importe qui les éléments précieux constituant sa vie affective, sexuelle, passionnelle. Il doit se forcer à choisir.

Pour les natifs du Bélier, le côté physique de l'amour a une très grande importance. Ils ne peuvent pas se passer de caresses, de contacts, de baisers; alors que les natifs des autres signes – tout autant capable d'apprécier l'amour physique – peuvent se passer, s'il le faut, des marques extérieures de cet amour et de la tendresse; les Béliers, eux, ne le peuvent pas.

Un natif du Bélier n'est réellement heureux qu'avec un partenaire ayant autant que lui le goût de cette forme de l'amour.

Dans les relations amoureuses, les natifs du Bélier sont passionnés jusqu'à l'impétuosité. Mais ils ne se départissent jamais de leur idéalisme. Il leur faut la certitude d'être appréciés, admirés, aimés; en cas contraire, ils risquent de devenir frigides.

Dans la période de la vie où le couple n'est pas encore constitué, où chacun cherche en tâtonnant quel est l'élu de son cœur, bien des aventures se succèdent dans la vie d'un Bélier, fille ou garçon. Lorsqu'une de ces aventures vient à se terminer, sans que le Bélier sache exactement pourquoi, des questions complexes se posent à lui et il quête en vain une réponse; n'en trouvant pas, il se met alors, comme par une forme d'autopunition, à rechercher des partenaires d'un niveau social très inférieur au sien. On peut affirmer que cette tendance prend source dans l'hypersensibilité des Béliers. Le Bélier ne veut pas admettre, en son for intérieur, que l'amour-sentiment lui est nécessaire; il refuse parfois cette vérité et tente alors de se démontrer à lui-même que les relations sexuelles considérées isolément et acceptées en dehors de toute sentimentalité lui conviennent tout autant, ce qui, nous l'avons vu, est tout à fait faux.

« Je n'ai pas perdu grand-chose », cherche à se persuader le Bélier dans un tel cas.

L'analyse de la conduite des Béliers nous donne l'impression que, malgré cette fougueuse passion, cette générosité qui donne chaque jour davantage, le cœur et l'esprit ne sont pas très engagés dans l'amour; le Bélier cherche probablement plus à se faire aimer qu'à aimer lui-même. Il veut être unique, original, particulier, différent de tous les autres, vierge à tout instant et irremplaçable. Ou, peut-être, garde-t-il sa vérité profonde pour la seule personne digne de son choix.

Les enfants comptent énormément, pour les natifs du Bélier.

Pour le Bélier, l'amour est donc le moyen de procréer. La sexualité devient quelque chose de grave, quelque chose de presque sacré. D'où les changements, les aventures multiples du « Bélier » : il cherche, il cherche ardemment l'être avec lequel il pourra se prolonger dans un enfant, entrant ainsi de plain-pied dans le rôle que lui réserve sa nature astrologique.

Pour ces motifs, il est très vivement déconseillé aux natifs de ce signe de s'égarer dans des aventures dont ils ne savent pas quelle sera l'issue, ou plutôt dont ils savent qu'elles n'auront pas de suite. Quand ils s'engagent dans de telles affaires, les Béliers ne peuvent en retirer que des souffrances et peut-être une sorte de fureur contre eux-mêmes. Ils vont alors devenir indifférents et tels que beaucoup de gens de leur entourage vont les croire parfaitement insensibles.

Le natif du Bélier souhaite pouvoir être fier de son amour. C'est le respect et la fierté qui rendent pour lui possible le véritable amour. Cette notion est essentielles pour eux, qui parfois ne s'en doutent pas : il faut pourtant qu'ils la connaissent. C'est une pensée qui habite leur subconscient et à laquelle ils obéissent sans souvent savoir pourquoi. Les Béliers doivent apprendre à la déceler, à l'observer et à l'amener jusqu'à la conscience claire où les idées sont intellectuellement élaborées.

Il faut conseiller au Bélier de ne pas former l'ambitieux projet de choisir un partenaire en espérant pouvoir le former, le guider; en cas d'échec, toute sa vie serait perturbée. Il faut que le Bélier traite d'égal à égal. Malheureusement, en la matière, les natifs du Bélier se trompent généralement et ne l'admettent pas. Dans ce cas, c'est le Bélier qui a tort, et non son partenaire. Cette attitude dominatrice peut provoquer un grave échec, surtout chez les femmes Bélier; car, lorsque les hommes veulent se montrer autoritaires, ils ont moins de risques que les femmes de se heurter au mur des usages et des habitudes.

Un autre avertissement s'impose pour les Béliers, hommes ou femmes. Ils sont très attirants pour le sexe opposé, ce qui les entraîne à de nombreux flirts. C'est un jeu charmant, tant que l'un et l'autre admettent que c'est un jeu; mais qui peut garantir que ce jeu ne finira pas, un jour ou l'autre, par un chagrin ? Des nombreux flirts auxquels il se livre, le Bélier ne retire que tristesse, même s'il n'a aucun ennui concret sur le moment.

Enfin, il faut que les natifs du Bélier se méfient de la jalousie. Ce sentiment a tendance à se manifester fréquemment en eux. Ils doivent veiller à le chasser sans tarder. En effet, une légère pointe de jalousie flatte le partenaire, l'émoustille, révèle son zèle; mais chez un natif du Bélier, qui est brusque et belliqueux, on ne sait pas où ce sentiment peut le conduire.

En tenant compte de ces remarques, les natifs du Bélier, bien doués pour la vie amoureuse, seront en mesure d'en tirer de rares et grandes satisfactions.

Le Livre des rois, *par Aboul Kasine Hasan al-Firdansi al-Tousi. Manuscrit persan, 1604.*

Chapitre II
Monsieur et madame Bélier face à un natif d'un autre signe

« Il y a de bons mariages,
mais il n'y en a point de délicieux. »
LA ROCHEFOUCAULD

Madame Bélier devant monsieur Bélier

On ne s'étonnera pas de lire ici que deux Béliers face à face accumulent beaucoup d'activités et d'élans. Chacun voulant dominer, influencer, diriger, former l'autre, quelques étincelles peuvent jaillir.

Dans la vie de madame Bélier, monsieur Bélier risque de se manifester comme une véritable tornade. Il saura dire dès le premier instant qu'il vous aime et, même si cela ne vous plaît pas, il commencera par critiquer ce qui, en vous, lui semble devoir être réformé... car un Bélier amoureux trouve naturel de diriger.

Ou bien vous acceptez ses remarques et vous en tiendrez compte parce que vous les trouvez justes, ou bien vous lui rendrez la pareille en lui rétorquant qu'il n'est pas à l'abri des critiques; ce sera alors un joli combat !

Sur le plan psychologique, donc, il y aura des chocs, des séances d'escrime avec de nombreuses étincelles.

Les relations sexuelles raccommodent ce que les paroles brusques auront un peu déchiqueté entre vous. En amour, vous vous comprendrez et vos élans seront sensationnels.

Le Bélier est un partenaire qui « donne ». Au cours de vos relations sexuelles, il sera adorable; c'est à un assaut courtois que, littéralement, vous allez vous livrer, chacun à votre tour vous efforçant de lire la plénitude de bonheur sur les traits de l'autre.

Le Bélier aime les innovations et les expériences. Avec un tel partenaire, vous qui aimez cela tout autant que lui, vous ferez des merveilles. Il ne faudrait pas se présenter chez vous à l'improviste, car, à tout instant, vous pouvez n'être pas visibles par autrui, trop occupés à un tête-à-tête très privé.

Pour vous, madame Bélier, monsieur Bélier sera un très bon chef de famille, car il aime les enfants et le foyer, et tâche toujours d'en assurer le confort et le bonheur. Mais le cours de sa vie professionnelle ne sera pas exempt de surprises; vous devrez donc lutter contre le caractère aventureux de votre propre nature et peut-être constituer sur un livret d'épargne très secret le pécule indispensable pour parer à une éventuelle « soudure » entre deux situations, deux entreprises folles ou audacieuses qui peuvent faire souffrir douloureusement les finances du ménage.

Votre féminité devra tenir compte aussi du caractère agressif que Mars apporte à ce signe. Ne soyez pas agressive vous-même, si grande que soit la tentation : c'est contre ce penchant que vous devrez lutter en premier lieu. Tenez toujours compte de ce caractère chez votre mari afin de ne pas lui garder rancune des quelques éclats dont il sèmera vos rapports familiaux. N'oubliez pas non plus que tous les défauts – et toutes les qualités – du Bélier sont, dans ce cas, multipliés par deux. Sachez donc être patiente et maîtresse de vous même. Cela est indispensable à votre bonheur.

Monsieur Bélier devant madame Bélier

Ne vous étonnez pas, monsieur Bélier, dans le cas où vous épouseriez madame Bélier, de retrouver en elle vos propres habitudes et vos propres tendances. C'est tout à fait normal ! Ne tentez pas constamment de la forcer à adopter vos vues et à céder à vos directives. Comme vous, elle aime diriger, guider, transformer et critiquer. Comme vous, elle est incitée, par la planète Mars, à une agressivité souvent injustifiée ou tout au moins superflue.

Armez-vous d'une inhabituelle patience car vous l'aimez et vous savez qu'elle est digne de vous.

Votre terrain d'entente sera surtout l'amour physique, où vous trouverez vos plus grandes joies. Ensemble, vous aurez le bonheur de faire des enfants, ce qui renforcera votre union et rendra plus sensible et plus concret un bonheur dont vous aurez parfois tendance à douter.

Vos expériences professionnelles, vos inventions, vos fluctuations financières vont l'émouvoir à juste titre et peut-être vous fera-t-elle de vives critiques. Cela importe peu, c'est seulement l'avenir de vos enfants, de votre foyer, qu'elle protège, car elle en est la gardienne. Mais sachez que, profondément, elle aime autant que vous les sentiers nouveaux et les situations inédites.

C'est une vie d'animation, mais heureuse qui vous attend, si vous tenez compte de ces très simples directives.

Madame Bélier devant monsieur Taureau

Madame Bélier, vous êtes une force de la Nature !

Si vous croisez sur votre route un monsieur Taureau qui conquiert votre cœur, faites très attention à ce qui va se passer. Connaissez-vous bien les natifs du signe zodiacal du Taureau ?

Dans le second volume de cette série, vous avez pu lire une étude complète de ce signe, mais voyons simplement et succinctement comment va se dérouler cette rencontre.

Le natif du Taureau est intérieurement puissant; c'est essentiellement un terrien. Il a, en outre, une forte tendance à l'immobilité. Vous aimez avancer, et même, parfois, avec quelques gambades. Vous qui regardez constamment vers l'avenir, vous pensez trois jours au moins avant lui. Il est de ceux qui méditent profondément, lentement, gravement.

Vous avez tendance à suivre votre instinct de domination et cela se traduit par la volonté de diriger, de réformer, de conseiller. Lui se sent plein de puissance et de fermeté et pas le moins du monde tenté de suivre vos suggestions.

Vous trouverez d'admirables terrains d'entente, vastes comme des territoires, notamment en ce qui concerne les arts. Il adore la musique; écoutez et admirez les disques de sa collection. Il considère que la cuisine est un art; inventez-lui de nouvelles recettes. Enfin, le terrain le plus merveilleux sera le domaine sexuel. Il est fort, physiquement, et très amoureux. Il recherche en amour le raffinement, écho de ses goûts artistiques; vous aimez les innovations, il y a là pour vous deux des sources de joie inépuisables.

Même si vous vous sentez freinée, entravée par ses habitudes de lenteur, vous pouvez construire avec lui un bonheur très grand et très durable. Il est un appui, un solide soutien dans les heures difficiles.

Monsieur Bélier devant madame Taureau

Il est inutile de chercher si les natifs de ces deux signes voisins, Bélier et Taureau, sont ou ne sont pas faits pour s'entendre : chaque cas est particulier et rien jamais n'empêchera les messieurs Bélier de rencontrer des dames Taureau et de les aimer...

Monsieur Bélier, quand vous connaîtrez madame Taureau, vous vous apercevrez qu'elle résiste à ce désir que vous avez toujours présent en vous de modifier les autres selon votre goût. Une dame Taureau, c'est quelqu'un d'assez fort pour vous résister. Mais que ne peut l'Amour !

Madame Taureau adorera être aux petits soins pour son monsieur Bélier; aimera-t-il cela ? Pas toujours. Il craint parfois que toutes ces gâteries ne le dévirilisent. Vous, Bélier, vous voulez toujours être celui qui donne. Elle, Taureau, veut aussi se sentir forte et accorder tout ce qu'il est possible d'accorder en amour. Vous vous entendrez si vous, monsieur Bélier, êtes assez évolué pour ne pas douter de vous-même. Renoncez parfois à donner pour accepter de recevoir.

Comme vous, Bélier, aimez ce qui est nouveau, vous aurez tendance à entreprendre toujours de nouvelles affaires; heureusement, madame Taureau, lente et solide comme une terrienne qu'elle est par son signe zodiacal, saura entretenir les affaires que vous aurez créées et que vous aurez ensuite abandonnées à leur sort pour en mettre d'autres en route. Dans ce sens, votre union se prolongera sur le plan professionnel.

Vous ne devrez pas vous étonner si les heurts, qui seront inévitables entre vous, prennent très vite une apparence dramatique. Vous êtes tous les deux belliqueux; il faut vous résigner à ces échanges de vues un peu vifs et convenir que quelques étincelles ne doivent pas tout embraser. Faites alors la part du feu et que chacun cède une partie du terrain.

C'est à ce prix que vous aurez ensemble de très grandes joies.

Madame Bélier devant monsieur Gémeaux

Madame Bélier, vous devez d'abord vous faire une idée de ce que sont, en général, les messieurs Gémeaux. Ce sont des gens très différents de vous.

Les Gémeaux, dans le Zodiaque, sont un signe d'Air; vous êtes un signe de Feu. Vous devriez pouvoir vous entendre, mais il est possible que ce soit difficile.

L'homme des Gémeaux, ayant des notions de tout, inspiré en cela par la planète Mercure, aime beaucoup parler. Il faudra vous tenir informée, pour suivre sa conversation. Il est intuitif et un peu superficiel. Il est gai, charmant, rieur, amusant et, à vous qui aimez ce qui est nouveau, il sait très bien apporter les informations les plus curieuses et les plus imprévues. Comment ne pas l'aimer ?

Aussitôt uni, votre couple éprouvera des difficultés. Vous êtes volontaire et le travail ne vous rebute pas. Il est frivole et remet volontiers au lendemain les efforts continus.

Vous aimez énormément l'amour physique et vous adorez vous y livrer sans contrainte; il est léger, irrégulier, et ses désirs sont affaire d'humeur de l'instant.

Vous témoignez constamment d'un désir de domination; il est fuyant et vous souhaite légère et insouciante. Il vous veut son égale mais non son maître.

Tout ce que vous ferez pour lui, il faudra le faire gaiement, avec un air enfantin, et sans donner l'impression d'accomplir une tâche difficile ou rebutante.

Le natif des Gémeaux est remuant, plein d'idées et débordant d'énergie nerveuse. Le Soleil des Gémeaux tombe dans votre Maison III, celle qui concerne les échanges avec l'entourage, les parents, les proches, les voisins; également l'éducation, les écrits, les déplacements. Vous voyez que vous aurez beaucoup de points communs avec monsieur Gémeaux et que vous ne serez jamais à court de conversation. Au contraire, et c'est très bien ainsi. Il faudra simplement éviter de commettre les excès : vous y gaspilleriez vos énergies. Ces grandes joies que l'on se donne au cours de conversations interminables, toutes plus passionnantes les unes que les autres, occupent dans la vie quotidienne un temps précieux qu'il serait peut-être utile de ménager soit pour dormir – ces conversations durent parfois jusqu'au petit jour –, soit pour accomplir un travail d'une utilité plus directe. La solution : savoir choisir. Sachez converser dans les moments de détente, sachez vous tenir l'un et l'autre informés, mais ayez la volonté de terminer en temps utile ces intéressants mais inépuisables échanges.

Les Gémeaux sont dominés par Mercure comme votre signe l'est par Mars. Monsieur aura tendance à vous indiquer la direction à suivre alors que vous êtes née « guide » et « combattant ». Il y a une pierre d'achoppement à éviter avec le plus grand soin.

La vie est toujours très intense avec monsieur Gémeaux.

Monsieur Bélier devant madame Gémeaux

Une jeune madame Gémeaux est tellement accaparée par ses propres sentiments, ses impressions, que l'homme qu'elle veut aimer, qu'elle croit aimer ne passe qu'au second plan dans sa pensée. C'est bien sûr, pour elle, un grave problème qu'elle doit s'efforcer de résoudre. La sexualité joue chez elle un rôle mineur et cela provient en fait de ce que, sur ce plan, elle est rarement satisfaite. Cependant, après quelques aventures sans suite possible, elle en vient généralement à la décision de n'aimer désormais qu'un seul être au monde, et ce personnage quasi mystique sera bien entendu un homme merveilleux.

Elle aimera son mari et ses enfants, et sera une bonne épouse. Saurez-vous apprécier son esprit vif et primesautier, son goût et sa loyauté ? Saurez-vous supporter son humeur changeante ?

Elle sera certainement impressionnée par votre force, par votre assurance, par l'air que vous avez d'avoir tellement confiance en vous. Votre nature généreuse, ouverte, vos impulsions, votre besoin de renouvellement lui plairont et surtout cette impression que vous donnez d'être en mesure de lui éviter tous les problèmes de la vie, toutes les difficultés. Elle appréciera vos conseils et aimera se laisser guider par vous.

Une seule ombre au tableau : elle risque de se lasser de vous voir jouer constamment le rôle du seigneur et maître.

Madame Bélier devant monsieur Cancer

Vous aurez des difficultés, madame Bélier, à déchiffrer monsieur Cancer : il dissimule sous un aspect de confiance en soi et de rude virilité une âme tendre et hypersensible. Il est très vulnérable malgré ses défenses et il ne veut absolument pas que vous le sachiez. Pour lui, l'attitude la plus normale est de cacher avec soin sa souffrance, de dissimuler ses blessures, qu'elles soient d'amour ou d'amour-propre.

Il ne veut pas être protégé, mais protecteur.

De votre côté, vous n'éprouvez pas du tout le besoin d'être protégée. Cette attitude de sa part peut vous irriter. Si vous le lui laissez voir, il va broyer du noir, tout au fond de sa coquille. Il est dans sa nature de se livrer à de tels accès où il trouve probablement de secrètes jouissances.

Une autre cause de contradictions : il est traditionaliste et reste très attaché au passé; vous êtes toujours disposée à aller de l'avant. Tirant ainsi à hue et à dia, votre couple pourra-t-il parcourir sa route sans heurts ?

Certainement pas.

Vos colères, cependant, sont promptes à s'effacer et vous les regretterez devant les longues heures de mélancolie de votre époux.

Comme il aime beaucoup sa maison, vous saurez la lui rendre belle et reposante et ce sera le lieu de vos réconciliations les plus douces.

Le Cancer n'est pas pour vous un signe bénéfique. Vous avez toujours du mal à maintenir des relations avec les natifs de ce signe. Ce sera par un hasard imprévu que vous serez devenue amoureuse de votre partenaire. Votre signe est le feu, le signe du Cancer est l'Eau. Cela seul vous fait sentir qu'il y a antagonisme et que c'est probablement vous qui allez porter ombrage à votre époux.

Il existe toutefois une compensation qui, jointe à votre amour réciproque et à vos bonnes volontés, va pallier les contradictions de votre couple. C'est que le Cancer est bon pour vous en tout ce qui concerne la maison, la propriété, les biens, les projets à long terme. Vous, madame Bélier, êtes toujours tentée de courir en avant; c'est lui qui sera l'élément stabilisateur, conservateur. Il va vous entraîner à ménager vos biens, à faire des économies, à constituer d'utiles réserves pour les « mauvais jours » auxquels, par nature, vous ne croyez absolument pas; il faudra que vous fassiez en sa faveur cet effort compréhensif et que vous ne résistiez pas lorsque vous verrez que c'est lui qui, au fond, a raison.

Dans votre désir de consolider votre situation, le Cancer vous sera bénéfique. Mais prenez garde de ne pas exploser !

Monsieur Bélier devant madame Cancer

Comme peu de femmes du Cancer peuvent supporter de vivre à côté d'un homme faible, vous serez le bienvenu, car vous êtes parmi les forts. Devant le mariage, madame Cancer sent fondre de tendresse la dure carapace derrière laquelle elle a toujours aimé se réfugier pour panser ses plaies sentimentales.

Vous tomberez amoureux d'elle à l'instant où elle tombera amoureuse de vous. Avant qu'elle n'ait eu le temps d'y réfléchir, posément et profondément, vous qui êtes la flamme même, vous l'aurez savamment enveloppée dans un mariage bien solide et bien confortable. Vous assumerez votre rôle de défenseur de sa faiblesse et de protecteur de sa candeur fragile, et vous allez adorer cela.

Vous constaterez entre vous de grandes divergences de vues au sujet de l'avenir; elle voudrait une maison grande et sereine bourrée d'enfants adorables, et vous ne rêvez que déplacements et aventures, mais vous songerez aussi à vos enfants, quitte à les emmener avec vous.

Faire des enfants sera votre terrain d'entente : l'un et l'autre aimez l'amour et la sexualité; là sera votre chance à tous les deux. Là se trouvera votre bonheur. Ce sera un bonheur d'une telle qualité qu'il vous récompensera des sacrifices que vous aurez consentis pour l'atteindre.

Madame Bélier devant monsieur Lion

Il semble que vous soyez faits l'un pour l'autre. Dès que vous rencontrez « votre » monsieur Lion, vous sentez à quel point il est bien l'homme que vous attendiez. Tous deux, vous êtes actifs, vifs, fiers, ambitieux. A vous deux, vous pouvez atteindre les sommets de la réussite. Vous êtes l'un et l'autre des chefs nés et, si vous appartenez, par votre origine sociale ou par votre formation, aux élites, on ne voit pas de limites à votre merveilleuse ascension. D'ailleurs, votre union se place résolument sous le signe de la réussite sociale.

Vous êtes, tous deux, de grands passionnés et si vous éprouvez l'un pour l'autre le « coup de foudre », jamais expression usée n'aura subi un tel renouveau de vitalité. Chacun de vous recherchera l'honneur et la gloire pour l'autre, et ceci sans réserves.

Le seul écueil qui pourrait se présenter serait un désir perpétuel chez monsieur Lion d'être adulé et respecté comme un grand chef, alors que vous-même n'appréciez pas de vous conduire en véritable et très humble adoratrice de cette divinité du foyer. Pour lui, sachez-le, vous ne serez jamais assez démonstrative.

Souvenez-vous de ceci : monsieur Lion n'est pas un modèle de fidélité et, s'il arrive qu'une autre femme que la sienne lui témoigne cette admiration que vous lui refusez, il est capable de l'apprécier beaucoup trop à votre goût...

Avec le Soleil qui accompagne la destinée de monsieur Lion, vous prendrez, en unissant vos deux existences, un nouveau départ. Ce sera une puissante stimulation pour votre perpétuel besoin de créer : le Soleil du Lion se combinera avec votre Mars pour donner l'étincelle qui allumera haut et clair un feu brillant illuminant désormais votre avenir commun.

Le Lion sera influent dans le secteur relatif aux enfants, à la sexualité et, curieusement, à la spéculation. Vous serez un couple enthousiaste, animé, inventif. De plus, attendez-vous, en vous unissant au Lion, à rompre avec l'ensemble de votre précédent milieu.

Vous vous sentirez moins en sécurité qu'avant de le connaître, mais vous n'aimez pas la sécurité. Comme vous ne tenez pas en place, et comme le Lion de votre vie ne vous y laissera pas, tout sera pour le mieux. Les échanges seront animés.

Le Lion est un productif, avec lui arriveront dans votre vie les enfants, mais vous les souhaitez... Et puis viendront les efforts et les progrès, car le Lion vous forcera toujours à donner un peu plus que votre mesure.

Si vous éprouvez le désir de rompre avec votre passé, et ce désir est bien dans votre ligne, le Lion vous y aidera.

Monsieur Bélier devant madame Lion

Signes de Feu, vous êtes téméraires, ardents, généreux.

Madame Lion a l'habitude du succès en amour. Elle a toujours été entourée d'une « bande d'amis » depuis son adolescence et même avant. Comme, en grandissant, elle tend à devenir amoureuse du plus fort, du plus beau, du plus hardi des jeunes hommes qui l'entourent, vous avez toutes vos chances, monsieur Bélier.

Avec une telle femme, vous constituerez une équipe invincible.

Possédant vous-même du courage et de la confiance en vous, vous saurez respecter en elle ces mêmes qualités. Vous supporterez assez facilement quelques arrogances chez madame Lion parce que vous la comprendrez.

Votre couple ne vivra pas toujours sans discussions : ce serait invraisemblable ! Comme elle aime votre force et votre combativité, elle résistera un peu, puis cédera volontiers devant un « adversaire » qu'elle estime et qu'elle aime justement parce qu'il est plus fort qu'elle et tout aussi batailleur.

Vos rapports sexuels seront vifs, ardents et remplis de la bonne volonté réciproque de donner le maximum de plaisir au partenaire. Un tel couple ne peut pas manquer d'être heureux, s'il sait mesurer ses explosions et respecter le désir de domination de l'autre. Elle saura, en outre, vous soutenir en toutes les circonstances.

Madame Bélier devant monsieur Vierge

L'homme né sous le signe de la Vierge a beaucoup à donner à la femme de sa vie. Il vous apportera son dévouement, sa douceur, quand vous en aurez besoin. Mais êtes-vous femme à accepter ces dons, à les apprécier à leur réelle valeur ?

Il est un intellectuel et vous êtes une femme d'action. Son style de vie est douceur et mélodie; le vôtre est passion et aventures.

Pour que votre union soit heureuse, il vous faut découvrir les goûts que vous avez en commun. Ils sont plus nombreux que vous ne le pensez. Vous allez certainement vous accorder sur le chapitre des voyages. C'est là que se trouvera votre principal terrain d'entente. Vous devez en profiter !

Monsieur Vierge est plus affectueux que sensuel; il aime mieux donner que recevoir, et il est plus analytique que spontané, ce qui n'arrange rien. Il n'est pas froid, comme vous tendez à le croire, mais il ne tient pas à dire tout ce qu'il ressent, de par sa réserve naturelle.

Il aime se dévouer et ce n'est que si vous êtes malade que vous saurez apprécier à quel point il peut être un compagnon rare et précieux : il soigne en effet très bien.

La meilleure façon d'être heureuse avec monsieur Vierge est de l'inciter à vous emmener à la campagne ou en voyage chaque fin de semaine. Ce qui lui sera aussi très utile, car ces déplacements sont indispensables à son équilibre psychique.

Les personnes nées sous le signe de la Vierge tendent à éveiller en vous un sentiment de culpabilité. C'est simplement parce que le signe de la Vierge habite votre Maison VI, relative aux servitudes : santé, travail, corvées domestiques, etc. Monsieur Vierge vous pousse inconsciemment à fournir davantage d'efforts, à accroître votre valeur personnelle; il vous rend

Mars et Vénus, *par Le Rosso. Dessin du XVI*^e^ *siècle (musée du Louvre).*

consciente de vos devoirs. Peut-être n'y teniez-vous pas trop, madame Bélier, vous une fille du Feu ?

Il y a autre chose : monsieur Vierge a beaucoup de sens pratique, en particulier en ce qui concerne l'argent. Il aime bien savoir ce qui entre et sort de votre trésorerie et, comme vous êtes par essence indisciplinée, ce contrôle vous irrite. Vous devrez pourtant l'accepter non seulement pour éviter une discussion, mais parce que c'est une bonne chose pour vous.

Monsieur Vierge sera toujours disposé à vous rappeler vos résolutions en matière de travail, de santé, de régime, et il cherchera toujours à limiter les effets de votre insouciance et de votre esprit frondeur. Voyez à quel point sa compagnie vous sera utile, malgré quelques nuages que ses principes rigides attireront dans le ciel conjugal. Il saura aussi vous rendre particulièrement heureuse, car c'est un grand amoureux. Il est, en outre, très patient, et sait attendre son heure, même si celle-ci semble bien lointaine.

Monsieur Bélier devant madame Vierge

Madame Vierge aime réfléchir à une situation un peu longuement et peser toute chose avant de se mettre en train. Au contraire, monsieur Bélier, vous êtes impétueux et vous agissez rapidement. Elle est stratège, vous êtes combattant. A chaque engagement que vous lui proposerez, vous qui les aimez tant, elle demandera d'abord ce que cela va donner et si ce changement est bien nécessaire.

Lorsque vous aimerez madame Vierge et qu'elle tombera amoureuse de vous, ses amis lui diront que ce n'est qu'une aventure qui se terminera en quelques jours; ce ne sera pas vrai. Vous avez pour elle et pour la façon dont elle sait organiser sa vie avec des motifs précis, car elle a beaucoup de sens pratique, une grande admiration et vous savez le lui dire.

Dans votre vie conjugale, vous serez l'initiateur, le créateur, et elle jouera le rôle de conservatrice pour sauver ce que vous risquez à chaque instant de gâcher par votre impétuosité.

Comme sur le plan sexuel vous êtes ardent, zélé, enthousiaste, vous la trouverez un peu compliquée, lente, difficile à émouvoir et à comprendre. Votre tendance sera de le lui reprocher, mais, quoi que vous fassiez, vous ne pourrez modifier ce qui tient à sa nature même et qui fait partie intégrante d'elle-même, peut-être ce pour quoi vous l'aimez.

Madame Bélier devant monsieur Balance

C'est pour toute femme, quel que soit son signe de naissance, une expérience merveilleuse que d'être aimée par monsieur Balance. Saurez-vous apprécier votre chance, madame Bélier ?

Monsieur Balance est charmant; il aime la vie, il s'intéresse à toutes sortes de choses. Il a toujours eu beaucoup de camarades de jeux. Marié, il souhaite jouer avec sa femme, sinon il le fera avec quelqu'un d'autre.

Il n'est pas uniquement un play-boy; il est aussi un pacificateur. Vous qui êtes essentiellement guerrière allez certainement rencontrer des problèmes à cet égard. En effet, il déteste les disputes, il a horreur des rancunes longuement ruminées, il ne supporte pas les climats troublés par des revendications et, quand quelque chose le gêne ou le trouble, il s'en va tout simplement.

Vous avez maintenant la clef de sa personnalité, dont il ne fait d'ailleurs aucun mystère. Vous savez ce qu'il faut faire pour le garder et vous possédez un goût de la difficulté et de la variété assez intense pour lui faire une existence sans monotonie.

Peut-être paraîtrez-vous parfois un peu dure pour

lui ? Sachez réduire votre énergie au niveau de l'harmonie dont il rêve, dont il a besoin, comme d'autres ont besoin d'oxygène.

La Balance est le signe opposé au vôtre sur le cercle zodiacal. Il ne peut qu'y avoir beaucoup d'éléments positifs dans votre union.

Dans votre ciel de naissance, la Balance occupe la Maison VII. C'est la Maison relative aux rapports avec les autres, aux associations, au mariage et aux contrats.

A côté de son charme, qui est certain, ce qui vous tente, dans la Balance, c'est qu'elle est influençable. Vous appuyez, elle cède. Vous appuyez davantage, elle s'incline un peu plus. Prenez garde : si vous insistez, elle peut se retirer définitivement de votre vie au moment où vous vous croyez assurée de la dominer.

Un époux Balance est une fleur fragile qui peut se briser.

Vous, madame Bélier, qui tendez constamment à donner de petits coups de tête, retenez vos forces. Ne soyez pas si souvent le chef de votre clan. Laissez à votre charmant mari le soin de décider lui-même toutes les fois que vous pouvez accepter des concessions. Il aura ainsi une sécurité, il se sentira utile et digne de vous. Sinon, comme vous en courez le risque si vous n'y faites pas attention, il risque de devenir un objet inutile et ornemental dans votre foyer.

Le côté positif de votre union avec monsieur Balance tient très précisément au fait qu'il peut tempérer vos élans. Appréciez de pouvoir vous reposer sur lui entre deux poussées en avant et soyez détendue, heureuse et belle pour qu'il se sente à son tour content de lui, charmant et d'excellente humeur.

Monsieur Bélier devant madame Balance

Lorsque vous rencontrerez madame Balance, vous l'aimerez parce que tout le monde l'aime.

Elle sourit à tous et paraît toujours prête à flirter.

Il suffira qu'elle voie en vous l'homme qui lui fera faire table rase de toutes ses indécisions, et elle oubliera tous les autres. Sa pensée, son cerveau, son corps, réagissant à l'unisson, vous répondront avec une passion qui l'étonnera elle-même.

En vous épousant, elle s'adaptera instantanément à votre univers. Elle adoptera immédiatement le rôle que vous désirez plus ou moins consciemment lui voir jouer.

Vous serez ébloui par son élégance, ses manières suaves juste au moment où vous aurez besoin de douceur. Peut-être la croirez-vous plus sensuelle qu'elle n'est en réalité, car, pour vous plaire, elle jouera le jeu de la passion.

Il faut que vous sachiez, monsieur Bélier, que madame Balance n'est pas de ces femmes qui aiment qu'on les dirige, même si parfois, et pour un temps limité, elles aiment se sentir dominées.

Probablement serez-vous toute votre vie un peu étrangers l'un à l'autre, mais elle est si souple, si courtoise, si peu combative qu'il est possible que vous ne vous en aperceviez pas au milieu de la foule de vos projets. C'est en tout cas un bon complément pour vous.

Madame Bélier devant monsieur Scorpion

Bélier et Scorpion sont tous deux sous l'influence de la planète Mars. Leur union ne va-t-elle pas être désastreuse ? Mais si l'un et l'autre, tout aussi violents et désireux de gagner tous les combats, vous désirez profondément faire votre vie ensemble, pourquoi s'alarmer ? Attention cependant aux conflits toujours possibles !

Il est bien possible que, sur le plan sexuel, monsieur Scorpion soit justement celui que vous attendiez. Il est plein d'ardeur et de générosité. Il veut votre plaisir autant que le sien. Faire l'amour est pour lui la meilleure façon de prouver ses sentiments. Il joue de son corps comme d'un instrument pour vous faire entendre sa chanson et vous dire sa pensée. Comme vous êtes assez indépendante, vous n'apprécierez pas toujours d'être dominée par lui, mais vous saurez éviter d'en discuter. Il vous sera tellement facile de n'en faire qu'à votre tête !

Votre grand problème, le problème de votre couple, sera la jalousie. Monsieur Scorpion est jaloux et madame Bélier aussi. La jalousie de monsieur Scorpion ne dépasse pas le plan sexuel; vous pouvez avoir des admirateurs, des amies, vous pouvez être toujours chez madame votre mère, il ne dira rien, mais un seul regard de vous sur le physique avantageux de son copain peut déclencher la guerre totale. Sachez sourire de son agressivité sans toutefois lui donner l'impression que vous vous moquez de lui.

Il n'est jaloux que de votre corps.

Reconnaissons que, comparés à votre nature directe, les Scorpions représentent l'intrigue. Monsieur Scorpion éveillera en vous et même malgré lui des émotions fortes et vous devrez veiller à ce que ni vos paroles, ni vos actes n'en viennent à dépasser votre pensée. Il sait si bien mettre en lumière vos désirs les mieux cachés que, même si vous ne l'aimez pas au premier abord, vous ne pourrez pas manquer de le remarquer et de vous souvenir de lui.

Le Scorpion s'intéresse à l'argent; vous êtes désintéressée. Il aime ce qui est occulte et mystérieux; vous êtes la lumière même. Votre terrain d'entente sera celui qui est le plus fréquent au sein d'un couple, la sexualité. Cependant, soyez-en prévenue : monsieur Scorpion a une grande présence, et vous penserez bientôt une trop grande présence, car vous aimez bien ne pas passer toujours au second rang. C'est pourtant ce qu'il faut accepter si vous voulez qu'il soit heureux et satisfait près de vous.

Vous n'apprécierez pas sa précision minutieuse en ce qui concerne les tâches journalières et les formalités paperassières; il vous demandera des comptes et tiendra au respect des engagements à long terme; c'est précisément ce qui vous irrite, car vous allez de l'avant sans vous soucier de ces scories qui traînent en arrière et qui s'appellent actes, traites, contrats et déclarations fiscales.

Monsieur Bélier devant madame Scorpion

Madame Scorpion est une nature excessive : très bonne ou très mauvaise, selon son humeur et les jours qui passent. Amoureuse, elle exige l'amour complet. Elle veut pour mari un homme plus fort qu'elle mais désire en même temps l'égaler sur tous les plans.

Voilà, monsieur Bélier, les difficultés que vous aurez à surmonter auprès de madame Scorpion.

Votre union pourrait bien commencer par un rude affrontement, car si une forte attirance physique existe entre vous, vous êtes tous les deux sous l'influence de la planète Mars et vous ne pouvez vous contenter d'une joute verbale se terminant par un échange de baisers. Il existe entre vos deux corps une harmonie spontanée qui suffit à justifier des accordailles définitives.

Vous, monsieur Bélier, vous êtes le « pionnier » des signes du Zodiaque; vous aimez disposer de votre liberté d'action et de mouvement. De son côté, madame Scorpion est parfois soupçonneuse, jalouse, alors que vous attendez d'elle une parfaite confiance en votre fidélité. Elle souhaitera, devant vos questions, hausser une épaule désabusée; à quoi bon ? Mais vous tenez à entendre ses réponses, vous voulez poser le problème en profondeur dans l'espoir de le résoudre. Il n'y a pas de solution et vous recommencerez sans cesse, car vous tenez, tous les deux, à vos idées et vous ne voulez pas céder.

Que madame Scorpion accepte de baisser pavillon et que vous la preniez amoureusement dans vos bras et tout ira bien.

Madame Bélier devant monsieur Sagittaire

Quel être mystérieux que monsieur Sagittaire ! Mi-homme, mi-cheval, a-t-il de l'un et l'autre les qualités et les défauts ? Loyal, très tendre, il peut s'avérer un parfait compagnon.

De son élément animal, il tire un sens très fort de la vie en plein air, mais, comme il est aussi humain, il manifeste un goût prononcé pour les spéculations intellectuelles. Rarement satisfait, mais souvent heureux, il fait preuve d'une grande modération.

Madame Bélier, vous vous entendrez très bien avec monsieur Sagittaire ; vous lirez en lui dès le premier regard et vous sentirez qu'il existe entre vous de nombreux points communs : vous aimez l'un et l'autre la nature sauvage, le sport, la vie physique. Et votre seule question sera sans doute de vous demander s'il peut être un bon mari.

En réalité, le Sagittaire n'est pas doué des qualités qui font, dit-on, les bons maris. On peut craindre que son foyer conjugal ne soit qu'un simple port d'attache. Il a pourtant le goût du foyer.

Pour que votre vie commune soit heureuse, il faudra lui laisser une grande liberté. S'il vous contrarie en courtisant d'autres femmes, consolez-vous en songeant que c'est à vous qu'il revient et avec vous qu'il est un amant très agréable. Dans les rapports sexuels, en effet, monsieur Sagittaire est un raffiné qui sait parler tendrement après autant qu'avant l'amour, ce que toutes les femmes apprécient.

Les relations entre le Sagittaire et le Bélier sont

toujours considérées comme bénéfiques. Tous deux sont des signes de Feu. Nous avons ici la rencontre du Jupiter du Sagittaire avec le Mars du Bélier, ce qui provoque un mouvement d'expansion, une activité accrue et un certain désir de changement qui s'exaltent réciproquement de part et d'autre.

Monsieur Sagittaire vous proposera des voyages, des lectures imprévues et intéressantes, des méditations, et il vous encouragera à écrire, voire à publier vos idées, à adhérer officiellement à de grands mouvements, à faire connaître et développer vos opinions, bref, à vous donner une importance réelle à laquelle, sans lui, vous n'auriez même pas songé. Vous ne ferez désormais plus les choses à moitié, les délaissant dès que vous les avez commencées; vous êtes entrée, avec monsieur Sagittaire, dans une association conduisant à de longues explorations lointaines ? pas forcément; elles peuvent se développer dans la profondeur de l'âme humaine.

Toute chose possède son côté négatif. En quoi consiste-t-il ici ? Sans doute dans les dimensions trop vastes de projets qui ne pourront probablement pas être menés à bonne fin. Des délais couperont vos élans.

Mais vous apprécierez l'un et l'autre avec beaucoup d'humour les situations où vous vous trouverez placés et c'est en grande partie cela qui fera de vous, pour les autres, un couple essentiellement sympathique.

Monsieur Bélier devant madame Sagittaire

Lorsque madame Sagittaire, pour la première fois, posera son regard sur vous, monsieur Bélier, elle pensera que vous étiez destiné de tout temps à vous trouver enfin à son côté et que, quoi qu'il arrive, vous ne la quitterez plus. Elle peut tomber amoureuse de vous en l'espace d'un éclair. Ensuite, elle va réfléchir longuement avant d'accepter le mariage. Elle ne peut pas toujours expliquer ses sentiments, mais elle veut que ses actes soient raisonnables et justifiés.

Elle appréciera en vous un amant solide et passionné; elle ne sera pas chagrine si vous manquez parfois un peu de subtilité; elle saura vous faire deviner ce qu'elle attend de vous plus qu'elle ne vous le demandera. Et vous le lui accorderez volontiers.

Sachez reconnaître son intelligence; elle peut très bien être pour vous une aide dans votre carrière. Elle ne vous le dit pas mais, dans les questions relatives au travail, elle voit plus clair que vous. Essayez de partager l'intérêt qu'elle montre pour les questions spirituelles, philosophiques ou religieuses. Et surtout emmenez-la dans des clubs sportifs où vous aurez l'un et l'autre le plaisir de rivaliser.

Madame Bélier devant monsieur Capricorne

Le véritable Capricorne possède trois qualités que vous aimez : l'indépendance, la confiance en soi et l'ambition. Alors, si vous le rencontrez sur votre route, ne manquez pas de vous intéresser à lui. Il appréciera votre personnalité nettement dessinée : il a de l'estime pour les femmes qui pensent et vivent librement, et par elles-mêmes.

Vous serez sans doute d'abord deux amis, puis vous découvrirez que vous êtes devenus profondément amoureux l'un de l'autre.

Vous vivrez donc ensemble et vous aurez l'occasion de remarquer l'importance énorme qu'il donne à son travail et à sa carrière. Peut-être, même, en serez-vous froissée. A vos yeux, en effet, le travail est utile et important, mais il n'est pas tout, dans la vie. Pendant ce temps, indifférent à votre agacement, il vous parlera de sa carrière et vous devrez prendre un air intéressé.

Vous aimerez son style en amour : direct, spontané, affranchi de toute complication émotive ou intellectuelle.

Foncièrement modeste, il vous trouvera peut-être orgueilleuse; et vous, foncièrement expansive, le trouverez-vous peut-être taciturne.

Les scènes, même très violentes, ne manqueront pas dans votre foyer, mais elles ne pourront pas rompre votre union; les liens entre vous sont trop puissants.

Monsieur Capricorne active en vous le sens des responsabilités. Il est très bon pour le déroulement de votre carrière, si tant est que vous en poursuiviez une après votre mariage. Il vous apportera un certain éclat parce qu'il vous encouragera à toujours progresser et saura vous mettre en valeur.

N'oubliez cependant pas que monsieur Capricorne aura toujours sur vous une influence restreignante. Comme le signe du Capricorne habite votre Maison X, celle qui se rapporte à la carrière, au rang social, à l'évolution professionnelle, il pourrait y avoir un frein. Mais ne serait-ce pas pour que votre activité se développe en profondeur ? Cela dépend de la nature de cette activité. A vous d'en tirer le meilleur parti. La présence de monsieur Capricorne à vos côtés vous aidera alors à vous élever, tout particulièrement en ralentissant ce bondissement perpétuel de vos activités et en vous forçant à réfléchir plus longuement. Ne vous appuyez cependant pas sur lui avec excès. Monsieur Capricorne veut bien jouer ce rôle, mais il veut aussi être lui-même. A moins que, tout simplement, il ne devienne votre imprésario.

Le Saturne qui régit le Capricorne, conjugué à Mars qui est le directeur de votre signe, apporte une puissance équilibrée, le sens des affaires avec une activité concrète et réaliste. Vous ne manquerez pas de problèmes, mais vous progresserez.

Le lion et le bélier. Bas-relief des signes du Zodiaque. Art roman, XIIe siècle (musée de Toulouse).

Monsieur Bélier devant madame Capricorne

Madame Capricorne vous paraîtra au premier abord indéchiffrable. Elle a visiblement des ambitions pratiques et paraît surtout vouloir de l'argent. Pourtant, sous une sorte de voile qu'elle tire sur le monde complexe de ses sentiments profonds, vous saurez découvrir les émotions bouleversantes qui créent en elle de regrettables inhibitions.

Lorsque vous devenez amoureux, monsieur Bélier, vous êtes tout feu, tout flamme. Elle sera plus lente que vous et, tandis que vous aurez déjà forgé des projets précis, elle analysera prudemment ses premières impressions. Avant qu'elle ne se soit rendu compte de ce qui lui arrive, vous la serrerez dans vos bras et, comme c'est une gentille fille, elle sera heureuse; et puis elle vous aimera.

C'est donc à vous, monsieur Bélier, que revient le rôle principal.

Si vous vous disputez, ce sera à propos d'argent. Vous êtes libéral, elle est économe, et vous lui reprocherez parfois son esprit de fourmi qui met tout de côté.

Mais vous saurez la cajoler et elle se laissera entraîner, par vous et avec vous, dans des aventures qu'elle n'aurait osé tenter avec aucun homme.

Madame Bélier devant monsieur Verseau

Monsieur Verseau appartient à un signe symbolisé par un homme versant de l'eau sur la terre assoiffée. Il s'agit d'un être désireux avant tout de faire partager ses vues, ses idées, ses informations et aussi ses sentiments. C'est l'homme qui voit d'abord ce qui ne va pas; cela n'implique aucunement qu'il y remédie.

Il sait bien faire l'amour, mais il ne se satisfait pas de simples rapports sexuels. Vous voyant forte, il sera tenté de croire que vous n'avez pas besoin de lui; alors, si quelqu'un d'autre requiert son aide, il oubliera facilement de vous prévenir et ne viendra pas vous rejoindre ce soir-là.

Il plane souvent et vous êtes pratique, directe, matérielle; ce sera donc votre rôle de lui éviter les oublis, les erreurs, les maladresses. Vous lui rendrez ainsi un service que vous seule pouvez lui rendre. Vous en saura-t-il gré ? Peut-être, s'il s'en aperçoit.

La vie avec monsieur Verseau ne sera certainement pas facile, mais une dame Bélier n'est pas de celles qui recherchent la facilité. Vous pouvez donc vous attendre à un certain bonheur.

Lorsque vous le rencontrez, monsieur Verseau renforce les éléments d'amitié que contient votre ciel. Il ne vous est pas toujours bénéfique, mais il exalte tout ce qu'il touche et, en ce sens, il vous sera favorable. Il s'intéresse à tout, donc à ce que vous ferez, à ce que vous souhaiterez faire, cependant vous devrez l'y inciter, et surtout l'encourager à persévérer, bien que ce ne soit pas dans votre nature; il y aura de votre part un réel effort à faire.

Tenez également compte de la grande facilité des Verseaux à faire des promesses, plus de promesses qu'ils n'en peuvent tenir. Il suffit d'être prévenu.

Le Verseau étant un signe d'Air, vous un signe de Feu, tenez compte de ce symbolisme en vous disant que l'Air, mesuré et agissant avec constance, entretient le Feu, mais, trop puissant ou impatient, peut l'éteindre, comme il peut, par inconstance, oublier quelque temps de l'activer. Deux inconstants ensemble, voilà ce que risque de devenir votre couple si vous, madame Bélier, n'y prenez pas garde. Soyez celle qui veille et, sans avoir l'air d'y toucher, retenez auprès de vous ce signe d'Air assagi. Tentez aussi de stimuler les impulsions sexuelles de ce grand rêveur.

Monsieur Bélier devant madame Verseau

Vous, monsieur Bélier, qui êtes vivace et ambitieux, pourriez bien rencontrer madame Verseau au cours d'une joute oratoire. Comme vous devinerez qu'elle est autant capable de donner que de recevoir, vous poserez sur elle un regard intéressé : elle est élégante, elle est raffinée. Vous allez devenir des amis. Rien ne s'oppose à ce que vous réalisiez ensuite un mariage très réussi.

Vous n'avez jamais apprécié d'être le camarade d'une fille; vous avez toujours préféré être son amoureux.

Il se trouve que madame Verseau se laissera conquérir par vous car elle estime beaucoup votre combativité et votre dynamisme. Vous allez tenter de vous emparer d'elle, comme vous le faites habituellement. Elle va vous paraître moins passionnée que vous et vous vous efforcerez de la débarrasser de ses complexes. Vous voilà exactement dans ce rôle d'initiateur que vous aimez beaucoup.

Admirant à quel point vous voulez bien vous intéresser à elle, à ses goûts, à ses pensées, par amour et non par curiosité, elle appréciera votre générosité et se laissera influencer tout en ayant sur vous aussi quelque effet, notamment en vous rendant moins agressif. Lorsque, bouillant de désir, vous la prendrez dans vos bras, quelle que soit l'heure, elle se sentira heureuse, car elle comprendra la qualité et l'intensité de votre amour.

Madame Bélier devant monsieur Poissons

Madame Bélier trouvera toujours un très grand charme à monsieur Poissons, tant il est différent d'elle-même. Monsieur Poissons est un être qui peut passer brusquement de la tristesse la plus désespérée au plus étonnant dynamisme. Il possède une intuition absolument unique et il est animé par un très sincère désir de plaire. Il devinera à quel type d'homme vous avez toujours rêvé et, instinctivement, il deviendra cet homme.

Pouvez-vous lui demander une plus grande preuve d'amour ?

Cet effort, cependant, ne va pas se dérouler en lui sans provoquer une certaine tension et, si vous ne prenez pas soin d'abandonner votre rêve infantile de l'homme idéal pour considérer votre partenaire tel qu'il est réellement, cette tension permanente le fatiguera et il s'enfuira sans explication, comme absorbé dans un rêve intérieur où vous ne prendrez plus aucune part.

C'est un des traits caractéristiques de monsieur Poissons que de pouvoir se créer un univers secret strictement personnel et absolument étranger à la réalité qui l'entoure. Très sensible, détaché des réalités concrètes, il risque plus d'une fois de vous surprendre.

Votre réalisme pourra lui être d'un grand secours dans la vie quotidienne mais, s'il se crée des fantasmes, n'allez pas le replonger trop brusquement dans le monde concret; laissez-lui toujours sa dose de romantisme et cette possibilité de se dédoubler, si vous voulez qu'il soit heureux.

Il semble que monsieur Poissons déclenche au fond de vous comme un secret sentiment de culpabilité; vous vous découvrirez en train de méditer sur ce point et de vous efforcer d'expier ce que vous supposez avoir commis... en fait, vous donnerez toujours plus que vous ne recevrez.

Monsieur Poissons appartient à un signe d'Eau et vous à un signe de Feu. C'est bien ici que se cache la difficulté et c'est pour cela que vous le comprenez difficilement. Reconnaissez qu'en étant à ce point différent de vous, monsieur Poissons ne peut que vous proposer un nouveau champ de découvertes, ce qui n'est pas pour vous déplaire, madame Bélier, qui êtes guide et initiatrice. Monsieur Poissons stimulera en vous le désir d'apprendre, d'approfondir, de penser. Au lieu de vous éparpiller en étincelles brillantes, vous vous tournerez vers plus de gravité, moins d'inconstance, plus de profondeur et moins de superficialité. Dans ce sens, on peut affirmer que monsieur Poissons vous sera bénéfique.

Un avertissement est pourtant nécessaire; il est rare qu'une association Bélier-Poissons parvienne à d'importantes réalisations concrètes. Le domaine du rêve est très tentant et la réalisation demande trop d'efforts pour monsieur Poissons et trop de constance pour madame Bélier.

A vous de jouer !

Le Neptune de monsieur Poissons se combine avec votre Mars pour répandre un climat plutôt mystérieux.

Avec monsieur Poissons, vous irez de découverte en réflexions et votre bonheur sera peut-être, sous son influence, de vous transformer.

Monsieur Bélier devant madame Poissons

Madame Poissons a toujours été une rêveuse; écolière, elle écrivait des vers dans les marges de ses cahiers de mathématiques. Elle n'a jamais apprécié les sciences exactes.

Vous retrouverez en madame Poissons un écho de cette enfance qu'elle rend poétique et irréelle. Ce romantisme invraisemblable, doublé d'une intuition très au-dessus de la moyenne, et qui peut aller jusqu'à la voyance, vous attirera particulièrement parce que vous êtes tout à fait étranger à cet univers occulte. En madame Poissons, vous découvrirez chaque jour une femme imprévue et même surprenante.

Madame Poissons aime se sentir protégée et approuver tout ce qu'on lui propose. Vous-même tenez à diriger votre vie comme vous l'entendez et n'aimez pas les contraintes. Voilà un terrain sur lequel vous allez pouvoir vous entendre. Cela n'implique pas que vous marcherez main dans la main sur le chemin de la fortune. Mais tenez-vous l'un et l'autre à cette fortune ? Peut-être pas...

Madame Poissons aurait pu tout aussi bien rester célibataire et n'en pas souffrir. Mariée, elle est extrêmement caressante, tendre et passe des heures à chercher ce qui vous plaira. Elle le trouve toujours et c'est un monde de prévenances qui vous entourera désormais si vous savez prendre pour elle les grandes décisions.

Chapitre III
Le bonheur pour un Bélier

« *Manto* : J'aime qui veut l'impossible.
Entre ici, téméraire, et sois heureux. »
GŒTHE, *Second Faust*.

Il est possible de déterminer maintenant quel sera l'avenir d'un natif du Bélier, si l'on est en mesure de tenir compte que, pour chaque individu, les circonstances diffèrent et modifient la règle générale. Mais cette règle générale est très utile à connaître.

Les éléments positifs permettant de calculer les chances d'une vie sont assez nombreux ; énonçons d'abord les dispositions générales physiques, psychologiques, intellectuelles que le signe zodiacal donne à ses natifs.

Ce sont des éléments connus et recensés; ils sont toutefois influencés d'une manière très marquée par le signe ascendant que l'on ne peut déterminer qu'en connaissant l'heure et le lieu de la naissance du sujet, ce qui n'est pas toujours le cas. Mais il vaut mieux négliger l'ascendant que se tromper sur l'heure de naissance. De plus, quelle que soit l'influence de ce dernier, elle n'annule jamais les caractéristiques attribuées par le signe solaire.

Dans l'influence du signe solaire entre en jeu l'incorporation de l'individu au Cosmos devant laquelle on ne peut que s'incliner. La différence que l'on constate entre un natif d'un signe et celui d'un autre signe, c'est tout simplement la différence d'un stade à l'autre du cycle annuel, modifiée pour chaque natif par divers éléments : les planètes, l'ascendant, l'entourage, le milieu social, le climat, les événements historiques, la civilisation, et ainsi de suite.

Ce que nous savons du signe du Bélier peut être recensé afin de dresser la liste de nos « pronostics » et nous amener à donner un certain nombre de conseils.

La force du natif du Bélier

La force du natif du signe zodiacal du Bélier, qu'il s'agisse d'un homme ou d'une femme, réside dans sa spontanéité pour ainsi dire permanente, qui le rend accessible sur l'instant à tout ce qui survient d'imprévu. Cette force est dans le dynamisme essentiel de ce premier signe du renouveau du cycle annuel.

C'est une force vive, toujours bondissante, variant dans son but instantanément selon les circonstances, mais toujours égale à elle-même.

C'est aussi la force de la foi pure de l'enfance croyant inébranlablement à tout et se livrant sans aucune réticence. Il n'est pas d'inspiration, il n'est pas d'appel, il n'est pas d'idéal qui puisse faire hésiter un Bélier.

Cette force, c'est encore l'absence d'automatisme. Un Bélier n'est pas un être d'habitudes. S'il est vrai que l'habitude peut aider beaucoup certains êtres faibles, le Bélier n'en fait pas partie et c'est heureux, il ignore en effet les habitudes. Pour lui, chaque matin est le premier jour de la Création. Aussi, en cas de chute, d'échec ou d'obstacle invincible, ne se décourage-t-il pas. Ce n'est pour lui qu'une occasion offerte de tenter autre chose. C'est une autre voie pour arriver au but ou tout simplement l'occasion de choisir une autre direction.

A chaque problème nouveau qui se pose à lui, le Bélier est en mesure de trouver une solution qui convienne. En cela, pour celui qui l'observe objectivement pendant une longue période de vie, réside une perpétuelle source d'étonnement, quelle est donc la psychologie profonde de cet être multiple?

La faiblesse du natif du Bélier

A côté des éléments de sa personnalité qui font sa force propre, il est évident que le natif du Bélier a des faiblesses. Chaque être, en effet, est ainsi équilibré et le contraire serait étonnant.

Quelles sont donc ces faiblesses? Pour tenter d'énumérer ses chances d'avenir, il faut bien les connaître.

Sa première faiblesse est une tendance à l'illusion. Celle-ci possède un grand pouvoir d'attraction et c'est une faiblesse que de s'y laisser prendre. Le Bélier, dès qu'une proposition se présente, en voit les avantages sans tenir compte des inconvénients; d'autres examineraient surtout les difficultés et les luttes qu'il faudra livrer pour aboutir ; le Bélier a conscience de ces luttes à venir mais, pour lui, plus les embûches sont nombreuses, plus il est satisfait et plus il voit de chances de réussir. On note là l'influence de la planète Mars qui le pousse au combat.

Signe de printemps, dans sa spontanéité, il ne voit que le présent. Cela lui est nuisible, car sa bravoure, qui est réelle, reste impulsive. Les expériences ne lui servent à rien, il les oublie très vite.

Il est donc sujet aux précipitations irréfléchies, à la négligence et au goût de la lutte ouverte, de la bataille. Aussi est-il nécessaire, pour assurer leur réussite, que les Béliers apprennent très tôt à contenir leur premier mouvement et à réfléchir avant d'agir. Même s'ils n'aiment pas cela, ils doivent s'y résigner. Pour leur plus grand bien. Si cette spontanéité représente un véritable trésor pour les Béliers, ceux-ci, tout en la conservant, doivent cependant prendre garde. A ce prix ils pourront conserver leurs qualités et rester vifs, minces, rapides dans leurs mouvements comme dans leur esprit. Ils conserveront surtout ainsi la foi et l'enthousiasme des premiers jours : c'est leur planche de salut et leur grande chance.

Les dons professionnels du Bélier

Dans le second chapitre, les dons professionnels et les bases du choix d'une carrière ont été examinés avec précision. A la lumière de tout ce que nous avons appris au cours de cette étude détaillée, pouvons-nous apporter quelques indications complémentaires ?

On a souvent cité, dans des ouvrages d'astrologie, telle ou telle célébrité née sous tel ou tel signe. Mais on ne nous dit pas comment elles sont parvenues à leur juste renommée.

Retenons que le Bélier a un esprit inventif, entreprenant et novateur. Son rôle dans la société est plutôt de lancer des idées et des projets et de susciter des carrières chez les autres que d'exécuter lui-même de longs et patients travaux.

D'autre part, étant intuitif, il sent, plus encore qu'il ne sait, ce qui sera bon, ce qui sera inutile. Son inspiration est digne de confiance.

A ce caractère intuitif s'ajoute une notion complémentaire qui détermine dans quel sens va jouer ce don. Il y a l'intuitif extraverti, qui distribue plus qu'il ne rassemble, qui sème plus qu'il ne récolte; pour lui, l'environnement est primordial. Il est constamment attiré vers les voies nouvelles, les objets inconnus, l'avenir ; il est négligent du passé et des réalités fixes comme des doctrines ; le réel l'ennuie et, s'il sème, il n'a pas la patience d'attendre la récolte, qu'il abandonne aux autres.

Mais il peut être intuitif introverti, tourné vers lui-même. C'est un être original, énigmatique, parce que toute son ardeur se développe intérieurement et ne se perçoit pas à l'examen superficiel des tiers, qu'il subit normalement en permanence. Il pense avec intensité et les images intérieures animant son esprit sont sans cesse renouvelées et imprévues. Il sera un être inspiré s'il parvient à les exprimer, créateur d'œuvres de grande valeur, que ce soit dans les arts ou dans les lettres.

Variantes selon le jour de la naissance

Dans l'étude du caractère des sujets basée sur leur date de naissance se pose le problème du détail : faut-il se limiter au signe zodiacal et classer les gens selon des périodes de trente jours, comme si tous ceux qui sont nés dans ce signe avaient les mêmes dons et les mêmes chances, ou bien existe-t-il un moyen de discerner ce qui distingue les natifs jour par jour ? Certains auteurs le font, comme par exemple l'astrologue américain Zolar. Laissons-lui sa méthode. Elle ne nous est pas nécessaire, car nous avons d'autres moyens de différencier les caractères. On doit cependant savoir que la transition entre celui qui naît le 20 mars et celui qui naît le 21 n'est pas tranchée ; elle est insensible. Aussi vais-je maintenant examiner, d'une part, les natifs des dates limites et, d'autre part, les natifs des trois décans du Bélier.

On peut considérer que les natifs du Bélier venus au monde le 21, le 22 et le 23 mars ont un certain apparentement avec les natifs du signe précédent, les Poissons. Ce sont des Béliers à tendances Poissons. Ils sont généralement très ambitieux et soigneux. Ils éprouvent le besoin d'exprimer leurs idées, qui sont originales, et leur écriture contient très certainement la marque de ce trait, que l'on retrouve aussi dans leurs mains (l'index est long).

Il est intéressant, pour ces natifs, de consulter le volume consacré au signe des Poissons.

Pour ceux qui sont nés les 18, 19 et 20 avril, c'est l'influence du signe suivant, le Taureau, qui les marque légèrement. Si vous fêtez votre anniversaire à l'une de ces dates, vous êtes ardent, romanesque et déterminé. On le voit à votre écriture qui est penchée à droite et beaucoup plus arrondie que chez les autres Béliers, ainsi qu'il sera exposé plus loin. Vous êtes, en amour, un voluptueux, ce qu'indique l'extrémité de vos doigts, lisse, arrondie, souple.

Les natifs de chaque décan

On divise, en Astrologie, la période de trente jours correspondant à un signe zodiacal en trois périodes de dix jours, appelées les décans. Une certaine différence distingue les natifs des divers décans. Ce n'est pas toujours la même planète qui intéresse chacun des décans d'un signe. D'autre part, l'influence du signe précédent s'étend sur le premier décan et celle du signe suivant sur le troisième décan, toujours en raison de la continuité sans heurts ni hiatus des mouvements célestes.

Si votre anniversaire tombe dans le premier décan, c'est-à-dire du 21 au 31 mars : vous êtes surtout sous l'influence de la planète Mars. Votre agressivité est marquée ; vous êtes particulièrement indépendant ; vous avez une qualité rare chez les Béliers : la persévérance. En revanche, la volonté est souvent moins grande, moins forte, et l'insouciance très typique.

Si vous êtes né entre le 1er et le 10 avril, vous êtes principalement sous l'influence du Soleil en plus de Mars. Votre destin se nuance de dignité, d'honneurs et d'ambitions généralement satisfaites. Le Soleil contribue à votre expansion et à votre ascension. Le Soleil vous apporte également un grand amour du changement qui, exalté, devient un désir de réforme. Votre écriture a des chances de présenter de grandes boucles inférieures bien développées ; elle est penchée à droite. Votre vie comportera de grands changements et c'est certainement confirmé par les lignes de votre main où la ligne de chance est ondulée ou brisée par endroits.

Enfin, si vous appartenez aux dix derniers jours du signe, entre le 11 et le 20 avril, vous êtes sous l'influence, avec Mars toujours, de Jupiter, qui favorise les entreprises audacieuses, attire la chance et la fortune, exalte et grandit toutes les qualités. Vos tendances intellectuelles, morales et affectives sont influencées favorablement. Jupiter influe aussi sur votre sincérité, votre honnêteté, vos capacités d'affection chaleureuse et de bienveillance, toutes qualités qui sont accrues par cette planète. Vous êtes essentiellement aimable et courtois en toutes occasions. On le constate dans votre écriture, qui est sage, élégante, équilibrée, généralement penchée à droite, également dans votre main, qui est belle et dont les lignes présentent aussi un grand équilibre.

Avant de considérer vos chances pour l'avenir, nous allons compléter cette étude par quelques observations qui souvent permettent, dans chaque cas particulier, de préciser les détails personnels.

On a constaté, en effet, que les informations fournies par l'Astrologie sont confirmées non seulement par la morphologie et les traits du visage, mais par la forme du crâne et l'écriture. On ne cessera jamais d'admirer l'harmonie qui unit tous les éléments de l'Univers.

L'écriture du Bélier

Le caractère du Bélier ne se manifeste pas seulement dans l'expression du visage, dans les attitudes et la démarche, mais aussi dans l'écriture.

Ainsi, pour qui ne connaît pas avec certitude le

signe de naissance d'une personne, l'écriture pourrait-elle être révélatrice. Pour vous qui vous connaissez bien, elle vous confirmera dans la valeur de l'Astrologie.

On décèle au premier regard le caractère principal de l'écriture d'un natif du Bélier, elle comporte des angles très aigus et des arrondis se plaçant généralement au pied des jambages et non en haut, dans les *m* et les *n*. Ces lettres deviennent semblables à des *u*. C'est une écriture haute, régulière, bien dessinée. Elle est souvent penchée à droite ; elle se rencontre droite, mais elle n'est jamais renversée, c'est-à-dire penchée à gauche.

Quand le sujet est surmené – cela se rencontre souvent pendant la seconde moitié de la vie du Bélier –, les lignes sont descendantes, au lieu d'être horizontales, et l'écriture se fait plus anguleuse, les arrondis du bas disparaissant. En cas de trouble hépatique, ce qui est fréquent chez lui, on a des *o* et des *a* dits boueux, c'est-à-dire que l'encre semble envahir le centre de la lettre. L'écriture est généralement penchée.

On rencontre parfois chez les Béliers des *c* et des *e* dont la base, au lieu d'être arrondie ou en angle aigu, est en équerre, c'est le signe de la migraine nerveuse, à laquelle ce natif est souvent sensible.

Le désir d'indépendance est indiqué par des petites barres terminant le dernier jambage d'une lettre et semblant vouloir souligner la lettre suivante.

Le Bélier est intuitif. Chaque sujet l'est dans une certaine mesure. Si ce trait est net chez un Bélier, cela se verra dans son écriture, où beaucoup de lettres seront détachées et non liées entre elles même à l'intérieur des mots.

Le Bélier est vif. Sa plus ou moins grande vivacité se traduit par la vitesse plus ou moins grande avec laquelle il écrit. Cette vitesse se traduit par des lettres bien dessinées, mais d'un trait léger, dont la rapidité n'a pas laissé à l'encre le temps de s'amasser pour un trait foncé; l'écriture est nette et claire.

Observez donc votre écriture et celle des Béliers de votre connaissance et vous aurez sur leur psychologie et même sur leur santé des détails que la simple connaissance de leur signe solaire ne vous donne pas avec la même précision. L'une complète l'autre, et chacune démontre l'exactitude et la valeur de l'autre, la graphologie aide l'astrologie.

D'autre part, s'il est en vous un défaut que vous souhaitez corriger, tentez de le supprimer de votre écriture. En y pensant, en contrôlant le geste machinal, qui devient alors conscient, vous parviendrez à modifier votre comportement.

La signature comporte deux éléments : l'écriture courante, qui intervient malgré le signataire pour écrire son nom, et le paraphe qu'il y ajoute pour en rendre la reproduction plus difficile. En fait, le geste de signer est toujours plus rapide et plus machinal que celui d'écrire ; le seul graphisme du nom traduit son auteur et demeure inimitable.

Chez le Bélier, le graphisme du nom sera toujours anguleux, qu'il soit droit, qu'il soit penché, toujours penché à droite, et que le mot soit écrit horizontalement ou en montant. S'il est ascendant, c'est une marque d'optimisme. Si, mais c'est exceptionnel, le graphisme est descendant, il y a dépression très importante ou pessimisme grave.

La dernière lettre est souvent prolongée comme par un élan que l'on freine difficilement. Ce trait est souvent fuselé, signe d'agressivité.

Si le nom est souligné, c'est un désir de s'affirmer, la volonté de réussir, de s'élever, de se distinguer.

Quel que soit le caractère exprimé par l'écriture, l'ensemble de la page compte aussi et son aspect est significatif. On peut noter que celui-ci est soigneux – son écriture est nette et claire –, que tel autre est négligent – disposition désordonnée, ratures et surcharges, ce qui indique que l'on n'a pas fixé à l'avance ce que l'on voulait écrire –, tel autre encore

Gravure du XVIIIe siècle d'après l'antique.

montre du goût – page équilibrée, séparation entre les alinéas, marge large et rectiligne –, tel autre enfin est très cultivé – majuscules typographiques, lettres simplifiées –, et ceux qui sont toujours pressés simplifient exagérément les lettres, tandis que les sentimentaux écrivent penché à droite et les gens moins émotifs verticalement.

Ces observations sur l'écriture et la signature des Béliers permettent de compléter un portrait déjà nettement tracé par l'astrologie ou d'en confirmer les traits. D'autres observations peuvent s'ajouter à ce portrait, par exemple l'examen du crâne, selon les théories de Gall.

Le crâne du Bélier

Le crâne humain a une forme particulière et typique qui varie avec les origines de l'individu ; sur ce crâne, la phrénologie découvre une surface qui n'est pas régulière, mais au contraire comporte des renflements ou « bosses » et des dépressions. Je n'ai pas l'intention de vous conseiller de tâter sous ses cheveux le crâne du Bélier de votre vie mais, s'il s'agit de vous-même, vous pourrez mieux vous connaître.

Voici ce que l'on rencontre chez un Bélier :

– La naissance de l'arête nasale, au milieu du front : si cette zone est bombée ou importante (elle l'est souvent chez le Bélier), elle indique une individualité développée : le sens de sa personne, de son indépendance. Grande aptitude à s'affirmer. Le sujet est aidé en cela par la planète Mars, qui lui apporte l'agressivité nécessaire.

– Milieu et haut du front bombé : sujet particulièrement doué pour apprendre et pour s'adapter aux circonstances. Cette faculté – et cette partie du front – sera d'autant plus développée que sera grande dans son ciel l'influence de la planète Mercure.

– De chaque côté du front, les tempes sont nettes, lisses : esprit constructif; en arrière des tempes, une légère dépression peut exister, elle souligne un manque total de prévision matérielle et de goût pour la thésaurisation. C'est un Bélier qui n'a pas le sens de l'épargne, et les Béliers ne l'ont en général pas du tout.

– Le sommet du crâne, chez le Bélier, est généralement exempt de bosses, qui confirme que, s'il est parfois généreux, il ne place pas le bien d'autrui avant le sien ; il ne témoigne d'aucune servilité et il manque de persévérance. Si cette zone présente une bosse, c'est que le sujet possède exceptionnellement ces qualités ; notamment, s'il y a une bosse juste au sommet du crâne, elle indique une persévérance inhabituelle au natif de ce signe, exceptionnelle et équilibrant admirablement la personnalité du sujet.

– Les parties latérales de la voûte crânienne ont en général peu de relief chez le Bélier. Si l'on possède à cet endroit-là deux bosses symétriques, une de chaque côté, c'est que l'on met de l'espoir dans ce que l'on entreprend. Le Bélier classique ne perçoit pas le futur ; s'il le prend en considération, c'est par un équilibre très favorable de ses facultés intellectuelles.

– La partie occipitale du crâne est souvent déprimée latéralement : signe que le sujet manque de circonspection, de prudence excessive. Si ces deux bosses existent, c'est la marque d'un équilibre louable de la personnalité.

– Entre l'occiput et la nuque, le crâne d'un Bélier est généralement bombé, ce qui souligne son goût pour sa propre progéniture : il veut avoir des enfants et il les aime. On trouve cette bosse plus fréquemment chez la femme que chez l'homme.

– Juste au-dessus du cou, la nuque en bosse indique un grand penchant pour l'amour et la sexualité.

– Un renflement en arrière du lobe de l'oreille indique une grande brutalité, avec un désir de détruire; elle est particulièrement dangereuse chez le Bélier et, si elle existe, il faut veiller à éviter les incidents. Mais elle serait exceptionnelle.

– En arrière de la bosse ci-dessus, on trouve généralement chez le Bélier la bosse de combativité. Elle ajoute un degré au caractère querelleur et agressif que Mars donne aux natifs du signe. Ne pas la confondre avec la bosse de la destructivité : cette dernière touche la base du lobe de l'oreille; celle dont nous parlons ici se situe plus en arrière, elle ne touche pas l'oreille.

– Si l'œil est enfoncé dans l'orbite, c'est que manque la bosse oratoire qui se place intérieurement dans l'orbite et semble repousser l'œil vers l'extérieur; si le globe oculaire est « à fleur de tête », il y a probablement présence de cette bosse : la parole est facile et expressive.

La chance du Bélier

Certains éléments qui vous sont personnels concourent à votre chance, d'autres la contrarient. Sachant maintenant sur vous-même, grâce à ce livre, un grand nombre de choses, vous désirez naturellement trouver le plus possible d'utilité pratique à cette lecture.

Quoi que vous lisiez en astrologie, sachez qu'il n'y a pas de signe du Zodiaque qui ait plus de chance qu'un autre, qu'il n'y a pas de planète bénéfique ni maléfique. Chacun de nous a sa part de chance et de malchance dans son destin. Si le sort semble injuste, c'est souvent parce que les gens méconnaissent leur propre caractère, ne savent pas s'en arranger, se trouvent en lutte avec eux-mêmes parce qu'ils veulent aller contre leurs dons, au-delà de leurs moyens, ou, au contraire, refusent d'agir dans le sens qui est le leur.

Quelles que soient vos qualités physiques, morales, intellectuelles, vous avez parfois l'impression qu'un obstacle indéfinissable s'oppose obstinément à votre succès, et cela vous fait dire :

« Pas de chance ! »

La chance peut-elle se définir ? Et peut-elle s'acquérir ? En répondant à la première de ces questions je vais être amenée à répondre ensuite à la seconde.

Selon Papus (*Le Livre de la chance*), il faut d'abord déterminer s'il est exact que vous n'ayez pas de chance ou si c'est chez vous une impression subjective. Vous constaterez que vous n'avez vraiment pas de chance si :

1. même vos entreprises les plus simples et les plus faciles échouent;

2. tous ceux qui vous approchent, même s'ils ont de la chance, n'en ont plus en vous quittant : il semble que votre présence la leur fasse perdre.

Si vous constatez que ces deux faits existent simultanément chez vous, il est grand temps d'y porter remède.

Vous avez une première possibilité, simple et naturelle : votre volonté. Grâce à elle, vous pouvez attirer à vous la sympathie des gens auxquels vous avez affaire. Il faut que vous adoptiez par principe une attitude de sympathie à leur égard; témoignez-leur l'intérêt que vous portez à leur santé, à leurs proches, à leurs entreprises; écoutez-les attentivement, suivez bien et retenez ce qu'ils vous disent, afin qu'ils sentent que vous avez envers eux quelque chose de plus qu'une courtoisie de pur principe. Intéressez-vous à ce qui les préoccupe, même si leurs problèmes sont infirmes par rapport aux vôtres, et répondez avec logique et sympathie à leurs questions, avec générosité à leurs demandes. D'autre part, ne vous approchez ni très près ni très souvent des personnes qui ont des difficultés : vous leur feriez perdre le peu de chance qui leur reste. De plus, ne les accablez pas avec le récit de vos épreuves. Elles ont eu ou auront les mêmes ou peut-être d'autres qui seront équivalentes; soyez simplement amical et bienveillant et l'on continuera de venir vers vous avec sympathie.

La seconde possibilité a pour base la connaissance

des rapports secrets existant entre les signes du Zodiaque, les planètes, les nombres, d'une part et, d'autre part, certaines gemmes, les métaux, les plantes. Par une bonne utilisation de ces « correspondances », vous pouvez attirer à vous ou fortifier ou conserver cette chance à laquelle chacun pense et aspire.

Enfin, sur le plan spirituel, la prière, la connaissance et la pratique de la morale à son niveau le plus élevé sont aussi un appel de chance.

Votre chance personnelle

Procurez-vous un calendrier perpétuel grâce auquel vous trouverez, si vous ne le savez pas, quel est le jour de la semaine où vous êtes né. Ce jour correspond à une planète. La connaissance de cette planète et de son influence générale vous expliquera bien des choses sur votre chance.

Voici les jours de la semaine et la planète à laquelle ils correspondent :

Lundi	Lune
Mardi	Mars
Mercredi	Mercure
Jeudi	Jupiter
Vendredi	Vénus
Samedi	Saturne
Dimanche	Soleil

Lorsque vous ferez faire un talisman, souvenez-vous de ce jour et de cette planète.

Comme vous êtes Bélier, votre planète principale est Mars. Votre métal est le fer et votre couleur le rouge. Votre pierre l'améthyste. Ce sont des éléments que vous avez intérêt à porter avec vous ou à faire entrer dans le décor qui vous entoure. Ces éléments seront utilisés lorsque vous voudrez faire établir un vrai talisman qui vous soit personnel.

Votre nombre

Il existe une science, appelée numérologie, qui explique tout par les nombres. Les nombres judicieusement utilisés sont facteurs d'harmonie, donc de chance.

Pour trouver votre nombre, voici comment vous allez procéder. Notez le numéro d'ordre du jour de la semaine où vous êtes né :

Lundi = 1
Mardi = 2
Mercredi = 3
Jeudi = 4
Vendredi = 5
Samedi = 6
Dimanche = 7

Au-dessous de ce nombre, inscrivez le quantième et le numéro d'ordre du mois (puisque vous êtes Bélier, c'est 3 si vous êtes du mois de Mars, ou 4 si vous êtes né en avril), puis, au-dessous, l'année de votre naissance.

Ensuite, faisant correspondre chaque lettre de l'alphabet à son numéro d'ordre, calculez le nombre de votre prénom en remplaçant les lettres par des chiffres et en faisant le total; procédez de même pour votre patronyme. Additionnez tous ces nombres.

Réduisez le total obtenu à un seul chiffre en éliminant les zéros, puis en additionnant les chiffres entre eux; chaque fois que votre total a plus d'un chiffre, additionnez de nouveau les chiffres entre eux. Votre nombre sera un chiffre de 1 à 9. Pour attirer la chance, tenez compte de ce nombre. Qu'il se trouve, d'une manière ou d'une autre, jouer un rôle dans vos décisions, soit par la date à laquelle vous les prenez, soit par toute autre méthode. Ce nombre est votre nombre de chance.

Dans quelle voie pouvez-vous le mieux réussir ?

Nous avons vu au chapitre II quelles étaient vos dispositions sur le plan professionnel. Comment allez-vous organiser votre vie afin d'avoir de la chance et de réussir ?

Retenons votre esprit inventif, entreprenant et novateur. Le rôle du Bélier dans la société est plutôt de lancer des idées que de les réaliser. Sauf si cette réalisation est rapide.

Remarquez pourtant que le Bélier est un audacieux et un intuitif. Comme il a des réactions très rapides, il peut jouer en Bourse et gagner. Il peut aussi perdre, mais les chances sont plutôt en sa faveur car il possède des qualités lui permettant de « saisir la fortune par les cheveux ». S'il est bien soutenu par son conjoint, d'un caractère plus prudent, il peut alors voir son bien se multiplier.

Sa chance de s'enrichir n'est, en tout cas, pas dans la gestion quotidienne d'une affaire que l'on fait sagement grandir. Au contraire, le coup de chance peut être pour lui. Chance qu'il attire instinctivement par son audace et son insouciance.

Pouvez-vous réussir en politique ?

Il y a plusieurs sortes de politiques. Si l'on veut parler de politique théorique, des idéologies, de l'exposé de principes sociaux et économiques, tout ce qui se conçoit dans la méditation et s'exprime calmement pour être lu et connu et avoir une longue portée, il est probable que le Bélier ne trouvera pas là ses meilleures chances de réussite.

En revanche, dans la vie politique, dans la lutte électorale, dans le gouvernement des peuples, un Bélier peut faire une carrière éclatante. Il est typiquement l'homme des décisions promptes et des solutions venant à point. Il est opportuniste au meilleur sens du terme, toujours apte à tourner les circonstances en sa faveur ou en faveur de ceux qu'il soutient et dirige, par la rapidité de ses vues et la clarté de son jugement. Mais, dans le sens où « gouverner, c'est prévoir », ses chances diminuent singulièrement; il est nécessaire qu'une bonne équipe l'entoure pour préparer les dossiers des affaires courantes. Enfin, dans les cas de crise, il est exactement l'homme du moment, celui qui peut réagir sur l'instant et que la précipitation ne contrarie pas.

On peut donc dire qu'un Bélier peut réussir brillamment dans une carrière politique.

Sur un plan moins élevé que la direction d'un gouvernement, la politique de parti, tout en lui convenant moins bien parce qu'elle nécessite un travail monotone et souterrain qui n'est pas dans sa nature, peut lui apporter d'heureux résultats dans les périodes de pointe. Il est exactement l'homme d'une bataille électorale, d'une revendication en temps de crise, d'un rassemblement subit. Il sera excellent dans toutes les tactiques rapides et son audace comme son sens du présent seront ses meilleurs atouts.

Pouvez-vous réussir dans les arts ?

Il faut reconnaître que son goût du sang et des batailles, sa violence innée coloreront singulièrement ses activités artistiques. Mais elles ne le contrecarreront pas. Toutes les voies lui sont ouvertes pourvu qu'elles ne l'engagent pas sur les chemins de la minutie, de la longue patience, d'une routine qu'il ne supporte pas.

La carrière littéraire peut lui offrir de beaux débouchés. Il peut être très brillant dans le fantastique, dans l'anticipation, dans l'aventure et le policier. Sans doute ne sera-t-il pas aussi facilement un grand auteur dans d'autres genres.

La peinture, la sculpture, l'architecture peuvent lui apporter le succès.

Comment garder votre joie de vivre ?

Pour qu'au seuil de l'inévitable mort le bilan d'une vie soit un succès total, il faut avoir su unir dans une harmonie parfaite la vie physiologique et physique, l'activité intellectuelle, les élans affectifs, l'amour et le confort matériel.

Les éléments constituant la personnalité du Bélier tels qu'ils ont été exposés dans les pages qui précèdent fournissent des informations suffisantes pour permettre à un Bélier de conserver sa vie durant sa joie de vivre.

Il est favorisé par sa naissance en début d'année solaire. Il est la source, il est la lumière. Comment ne serait-il pas la joie ?

Pour suivre le mieux possible sa longue route, deux voies s'offrent à lui comme à chacun de nous. L'une est du domaine des sciences occultes et se réfère aux longues traditions, se rapporte aux vieilles croyances, se fonde sur des atavismes inexpliqués que l'on étudie, il faut le reconnaître, avec un intérêt de plus en plus grand et un esprit de plus en plus scientifique.

L'autre voie est plus rationnelle, découlant du raisonnement logique. Elle obéit à une méthode, se plie à des constatations expérimentales et résulte de travaux scientifiques rigoureux, dans la mesure où peut être rigoureuse une science humaine.

Que faut-il entendre par la joie de vivre ?

On peut l'imaginer comme une sensation euphorique colorant les faits, les êtres et les choses des nuances les plus agréables; c'est « la vie en rose ».

On peut la chercher dans les satisfactions quotidiennes obtenues l'une après l'autre, somme de détails infimes porteurs de satisfactions superficielles ou profondes.

On l'exprime par un visage qu'éclaire un sourire toujours prêt à jaillir en rire, par des gestes appelant la sympathie, par la vitalité pleine et facile rayonnant et rejaillissant sur tout l'entourage.

Il semble au premier abord que la nécessité de gagner de l'argent soit mélancolique. Mais, pour un Bélier, toute initiative est amusante, même celle de gagner sa vie. Il y sent pointer une indépendance qui fera sa joie. L'enfant Bélier se soumet difficilement aux lois et règlements de la vie en famille. Qu'on lui montre que, par son travail, il achètera sa liberté, et il se jettera dans une activité rémunératrice avec le même élan qu'il participe à ses jeux habituels.

Pour sa joie de vivre, le Bélier trouvera donc une source de revenus et s'efforcera de la conserver. Il s'efforcera de découvrir un travail qui lui plaise car, pour le bien faire, il faut aimer ce que l'on fait, surtout si l'on est un Bélier.

Le Bélier est beaucoup trop expansif pour être heureux en vivant seul. Il a un appétit affectif à satisfaire. Le second élément de sa joie de vivre est certainement la compagne avec laquelle il va fonder un foyer : il est dans le destin du Bélier de fonder un foyer. Il ne s'intéresse pas au lendemain, mais il est une source de vie, il est le printemps et le printemps c'est la préparation de l'avenir. Le Béier devra donc songer assez tôt au mariage et aux enfants.

Quel que soit le signe de naissance du conjoint de son choix, le bonheur est toujours possible.

Les enfants seront les bienvenus et le caractère sociable du Bélier créera autour de son foyer une aura d'amitié. Après les rencontres heureuses des fins de journées dans la détente et les jeux avec les enfants, il se retrouvera avec joie au cœur de sa maison.

Le Bélier sera plus heureux en milieu urbain qu'en milieu rural.

Résolument inscrit dans la vie quotidienne et obsédé par son avenir, le Bélier vit intensément dans le présent.

Du passé, il ne retient que ce qui peut lui être réellement utile. En cela, il émane de sa personnalité un profond dynamisme. Parfois, pourtant, il s'attache avec passion à l'étude de l'Histoire.

Les influences occultes

Dans la recherche de l'harmonie, on peut accorder sa confiance aux indications traditionnelles de l'occultisme.

Certaines informations sont utiles.

Le signe du Bélier contient une notion de sacrifice, car il correspond à une époque de l'année où les troupeaux nourrissent les petits nouvellement nés.

Il symbolise en même temps le printemps, l'amour, la lumière, la victoire sur l'hiver.

Anatomiquement, il correspond à la tête et au cerveau.

Pour attirer à lui la chance, le Bélier doit porter l'améthyste et le diamant qui sont ses pierres bénéfiques. Qu'il en fasse monter en bagues.

Il doit tenir compte de ce que son jour faste est le mardi parce que ce jour est dédié à Mars et que la planète Mars gouverne le signe du Bélier. C'est donc le mardi de préférence qu'il devra s'attacher à régler les questions qui sont pour lui les plus importantes. S'il ne peut pas obtenir ses rendez-vous le mardi, c'est au moins ce jour-là qu'il se concentrera sur ses projets et sur les décisions qu'il doit prendre.

Ses nombres favorables sont le 7 et le 6.

Sa couleur bénéfique est le rouge. Il ne doit pas oublier d'en placer toujours dans le décor qui l'entoure ou sur lui.

Ainsi, obéissant à la fois à l'obscure tradition et aux règles des plus modernes sciences humaines, le natif du Bélier saura éviter le plus possible les écueils jalonnant nos existences et construire son bonheur dans une ambiance nettement marquée par sa forte personnalité.

ORIGINE DES ILLUSTRATIONS

Bibliothèque nationale : 2, 29, 56, 69, 70, 114, 136 – Bibliothèque des Arts décoratifs / Jean-Loup Charmet : 39, 58, 127, 135, 178 – Bulloz : 6, 99, 116, 160 – Jean-Loup Charmet : 64, 108, 190 – Giraudon : 18, 30, 48, 55, 92, 121, 150 – Roger-Viollet : 8, 17, 36, 79, 83. Rapho/Goursat : 168.

Achevé d' imprimer
sur les Presses de la
Société LITOPRINT, S. A.
à Fuenlabrada (Madrid)
le 30 septembre 1988

Dépôt légal 1.er trimestre 1984

N° d'Editeur : 601